POWER-GIRLS

Das Buch für

starke Mädchen

TEXT
Aurore Meyer

ILLUSTRATIONEN
Myrtille Tournefeuille
et Amandine

ÜBERSETZUNG
Stefanie Kuballa-Cottone

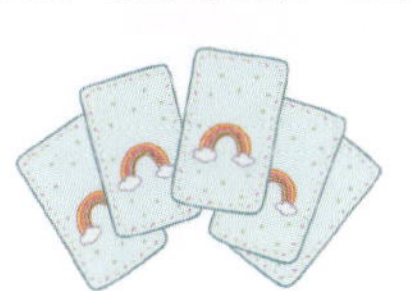

moses.

INHALT

MACH'S DIR GEMÜTLICH!

Du verbringst sicher viel Zeit in deinem Zimmer. Da kommen ein paar Ideen, wie du es verschönern und neu stylen kannst, vielleicht gerade recht, schließlich sollst du dich darin wohlfühlen! Alles, was du dafür brauchst, ist ein bisschen Bastelmaterial, ein paar gute Ideen und eine ordentliche Portion Energie. Gestalte dein Zimmer so, wie es dir gefällt!

Eine Wühlkiste

Statt deine Klamotten und sonstigen Kram über den Schreibtischstuhl zu hängen, auf dein Bett zu werfen oder über den ganzen Boden zu verteilen, nimmst du dir einfach einen Wäschekorb (oder eine hübsche Truhe bzw. eine Aufbewahrungsbox) und sammelst darin alles, was du unter der Woche nicht wegräumen kannst, weil dir die Zeit fehlt. Am Wochenende sortierst du die Sachen dann in aller Ruhe und räumst alles auf. So steht einem unbeschwerten Start in die neue Woche nichts mehr im Wege!

Ein Ort für deine Stifte

All deine Kulis, Bleistifte, Buntstifte und Filzschreiber verdienen einen schönen Aufbewahrungsort. Nimm eine leere Konservendose, spüle sie gründlich aus (pass auf, dass du dich nicht schneidest!) und beseitige scharfkantige Ränder. Wenn du sie mit dem Dosenöffner nicht wegbekommst, schmirgele sie mit Schleifpapier ab oder decke sie mit Klebeband ab. Jetzt geht es ans Dekorieren: Beklebe die Dose mit Masking Tape, Stickern, Perlen, Stoffresten, Geschenkpapier oder etwas Spitze. Lass deiner Fantasie freien Lauf!

Gut versteckt!

Wenn du eine kleine Schwester hast, die ihre Nase nur zu gern in anderer Leute (und vor allem deine!) Sachen steckt, brauchst du ein paar richtig gute Verstecke! Eine Möglichkeit ist, dir eine Schachtel mit Geheimfach zu basteln. Wie das geht, erfährst du auf Seite 40. Nun schaue dich in deinem Zimmer um: Wo könntest du etwas verstecken? Einen Gegenstand, der nicht zu schwer ist, kannst du mit Klebeband unter deinem Bett befestigen. Oder du packst deine Geheimnisse in eine Schachtel und schreibst gut lesbar „Mathe" außen auf die Box – die Gefahr, dass deine kleine Schwester sich für deine Mathematik-Unterlagen interessiert, dürfte relativ gering sein!

Aktion Memoboard

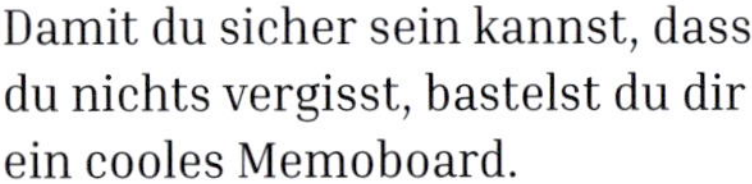

Damit du sicher sein kannst, dass du nichts vergisst, bastelst du dir ein cooles Memoboard.

1 Nimm das Bild aus dem alten Bilderrahmen und klebe stattdessen ein Blatt Papier mit einem schönen Muster ein.

2 Beklebe den Rahmen rundum mit Masking Tape.

EXTRA-TIPP

Du kannst auch ein altes Brett oder eine ausgediente Tafel mit bunter Magnetfarbe bemalen. Jetzt brauchst du nur noch ein paar hübsche Magnete, um deine Notizen, Fotos, Eintrittskarten usw. aufzuhängen.

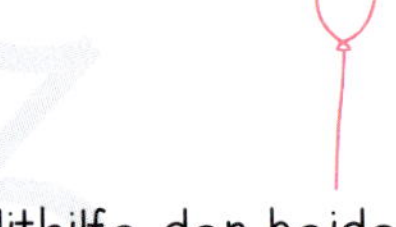

3 Mithilfe der beiden Reißzwecken befestigst du den Bindfaden und klemmst die kleinen Wäscheklammern an den Faden.

Aktion Schreibtisch

Gönne deinem alten Schreibtisch und deinem langweiligen Stuhl ein neues Styling! Mit buntem Masking Tape und ein bisschen Glitzer- oder Silberlack kannst du tolle Effekte zaubern. Am besten fragst du vorher deine Eltern! Dein Upcycling-Objekt, die schön dekorierte Stifte-Aufbewahrung aus einer leeren Konservendose, ist ein tolles Highlight auf deinem Schreibtisch. Vergiss nicht, einen Papierkorb unter deinen Tisch zu stellen, damit sich der Papierabfall nicht auf deinem Arbeitsplatz stapelt! Du kannst zum Beispiel einen alten Einkaufskorb oder einen anderen hübschen Weidenkorb nehmen.

Aktion Deko

Wenn deine Eltern nichts dagegen haben, kannst du Poster, Fotos und hübsche Spiegel an die Wand hängen und dein Zimmer mit kleinen Accessoires verschönern. Vielleicht wäre es auch Zeit für neue Kissenbezüge und Gardinen, und passt deine Bettwäsche noch zu dir? Frage deine Eltern, ob du dir etwas Neues aussuchen darfst, und schon hast du ein neues Zimmer!

Aktion Aufräumen

Jetzt, wo du dein Zimmer erfolgreich umgestylt hast, wird es dir auch gleich viel leichter fallen, es in Ordnung zu halten! Nach und nach räumst du deine Sachen auf, bis alles picobello ist. Noch besser klappt das, wenn du dabei deine Lieblingsmusik hörst. Mit dem richtigen Rhythmus im Ohr ist alles im Nu erledigt!

Eine Anleitung zum Wohlfühlen

Zu mager, zu pummelig, zu groß, zu klein, die Knie stehen so komisch ab … Nichts und niemand ist perfekt!

Achte auf deinen Körper

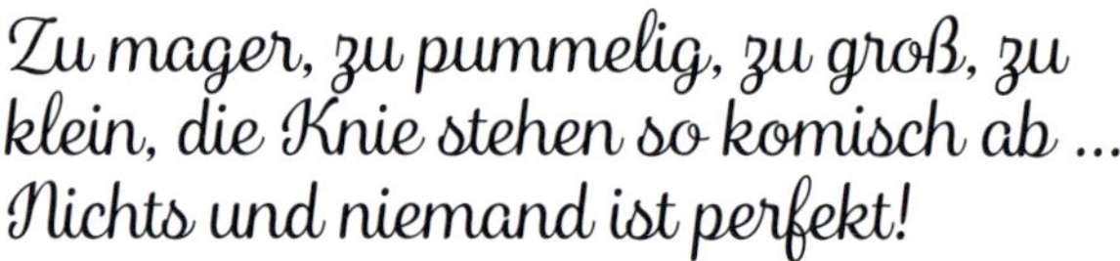

Wie heißt es so schön: „Ein gesunder Geist wohnt in einem gesunden Körper." Damit das auch bei dir der Fall ist, solltest du ein wenig auf deine Ernährung achten. Du brauchst dich nicht tausendmal zu fragen, ob mit deinem Gewicht alles in Ordnung ist. Für eine positive Ausstrahlung und ein gesundes, frisches Aussehen kommt es ganz wesentlich darauf an, was du isst und trinkst. Quäle dich auf keinen Fall mit irgendwelchen Diäten, sie halten nie, was sie versprechen! Selbst wenn du durch sie ein paar Kilo loswerden solltest, ist die Gefahr groß, dass du diese Kilos nach der Diät genauso schnell wieder auf den Rippen hast. Und außerdem riskierst du, dass deinem Körper wichtige Nährstoffe fehlen!

♡ <u>Du musst auf nichts verzichten, aber bleib vernünftig:</u> Wenn du zum Mittagessen einen Burger mit Pommes verschlungen hast, isst du am Abend eine leichte Suppe, frisches Gemüse oder einen knackigen Salat. Wichtig ist, dass du über den Tag oder die Woche gesehen einigermaßen im Gleichgewicht bleibst.

Vor allem solltest du keine Mahlzeit auslassen!

♡ <u>Höre auf deinen Körper und iss,</u> solange du hungrig bist … aber achte auch darauf, wenn dein Körper „stopp!" sagt. Deswegen solltest du dir zum Essen immer genügend Zeit nehmen und nicht vor dem Fernseher rasch etwas in dich hineinschlingen. Wenn du schnell isst, kann sich das Sättigungsgefühl nicht entfalten.

Viele Kinder leiden irgendwann einmal an Schlafproblemen. Manche haben Schwierigkeiten beim Einschlafen oder wachen im Laufe der Nacht mehrmals auf. Damit du von solchen Problemen verschont bleibst, solltest du vor dem Schlafengehen einen großen Bogen um elektronische Geräte wie Fernseher, Computer und Smartphone machen und auch keinen Sport mehr treiben. Lies stattdessen  lieber ein gutes Buch!

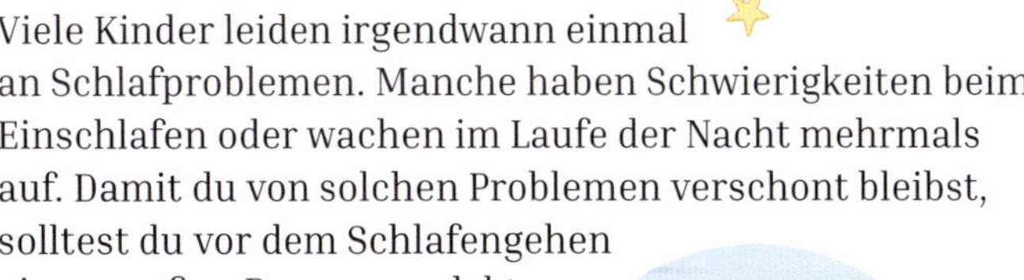

Bleib dir treu

Es macht Spaß, mit der Mode zu gehen. Das Entscheidende dabei ist jedoch, dass du dir deine Persönlichkeit bewahrst. Achte auf dich und auf dein Aussehen: Das ist wichtig, denn wenn du dich schön fühlst, hast du automatisch bessere Laune! Lerne, dich genau so zu mögen, wie du bist! Ein Mädchen mit gesundem Selbstvertrauen kommt besser bei den Leuten an.

MISSION ABENTEUER

Zu zweit geht alles besser, also bittest du am besten eine liebe Freundin, dich auf deiner Mission zu begleiten ... und schon kann das Abenteuer beginnen!

Welche Herausforderung?

Bevor ihr aufbrecht, musst du dich noch ent-scheiden, welcher Herausforderung du dich stellen willst. Hier sind ein paar Vorschläge:

- baue dir einen Fitness-Parcours (Balancieren, Springen, Rennen usw.)
- überwinde eine Phobie
- halte dich bei Dunkelheit eine Stunde lang im Garten auf
- bastele mehrere Gegenstände aus Holzresten
- finde so viele Schnecken wie möglich
- sammele Pflanzen, um ein Herbarium anzulegen
- säubere einen Strand oder einen Park von jeglichem Müll
- finde eine Trinkwasserquelle

Das solltest du dabeihaben:

- eine Flasche Wasser
- einen kleinen Imbiss
- robuste Turnschuhe
- einen Bindfaden oder eine Schnur
- eine Taschenlampe: Du brichst zwar auf, solange es hell ist, aber du weißt nicht, wann du zurück sein wirst!
- ein Handy, falls es unterwegs Schwierigkeiten gibt ...

„Wenn du schnell gehen willst, dann geh alleine; wenn du weit kommen willst, dann musst du mit anderen zusammen gehen."

Afrikanisches Sprichwort

Respekt

Als vorbildliche Abenteurerin behandelst du Pflanzen und Tiere mit Respekt. Vor allem hinterlässt du keine Spuren: Du lässt keinen Müll liegen, vergisst nicht, dein Lagerfeuer zu löschen … Niemand soll erkennen können, dass du dort gewesen bist!

Amelia Earhart

Der Name sagt dir vielleicht auf Anhieb nichts, aber Amelia Earhart war eine berühmte Pilotin.

Sie kommt 1897 in den Vereinigten Staaten von Amerika in Kansas zur Welt. Als sie 23 Jahre alt ist, fliegt sie zum ersten Mal und ist seitdem von Flugzeugen begeistert. Sie beschließt, Flugstunden zu nehmen. Amelia ist die erste Frau, die im Alleinflug den Atlantik überquert. Auch nach diesem Aufsehen erregenden Rekord im Jahr 1932 hält ihre Abenteuerlust unvermindert an. 1937 fasst sie den Entschluss, zusammen mit dem amerikanischen Co-Piloten Frederick Noonan die Welt entlang des Äquators zu umrunden – natürlich wieder mit dem Flugzeug. Man geht heute davon aus, dass Amelia und Noonan am 2. Juli 1937 bei einem Flugzeugabsturz nahe einer kleinen Insel im Pazifik ums Leben gekommen sind.

100 % Natur auf dem Tisch

Hast du Hunger? Wie wäre es mit einem leckeren und gesunden Imbiss, der ganz im Einklang mit der Natur ist?

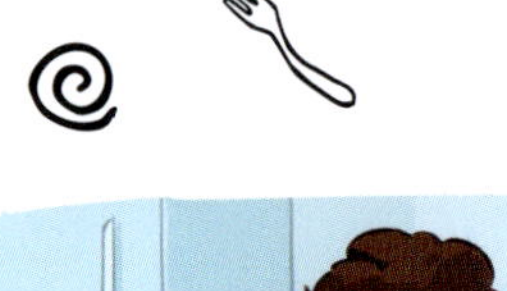

Essbares Besteck

Was wäre ein Öko-Menü ohne Besteck, das man essen kann! Dazu machst du einen Mürbeteig, schneidest Messer und Gabel aus dem Teig aus und backst die Teile etwa zehn Minuten lang bei 150 °C im Ofen.

OBSTPALME

❶ Schäle die Banane und halbiere sie der Länge nach. Dann schneidest du sie in halbrunde Scheiben und legst sie auf einen Teller – das ist der Stamm der Palme.

❷ Schäle die Mandarine und zerteile sie. Wenn du Aprikosen nimmst, schneide sie in sechs Spalten. Arrangiere die Obstspalten am Fuße der Bananen – sie bilden den Boden.

❸ Schäle die Kiwi. Du halbierst sie der Länge nach und schneidest sie dann in Scheiben, die du am oberen Ende der Banane drapierst – das sind die Palmblätter.

Dafür brauchst du
(für 2 Personen):

- ❧ 1 Banane
- ❧ 1 Mandarine oder 2 Aprikosen (je nach Jahreszeit)
- ❧ 1 Kiwi

SALZIGER HIMMEL

Dafür brauchst du
(für 2 Personen):

- 100 g gekochten weißen Reis
- 1 schwarze Olive (ohne Kern)
- 1 kleine Rote Bete, geschält, gekocht, geviertelt und in Scheiben geschnitten
- 1 Salatgurke, der Länge nach halbiert und in Scheiben geschnitten
- 1 kleine Dose Mais (abgetropft)
- 1 dünne Karotte, geschält und in Scheiben geschnitten
- 6 Kirschtomaten, halbiert

❶ Lass den gekochten Reis vollständig abkühlen. Nimm einen großen Teller und forme aus dem Reis zwei Wolken. Schneide die Olive in schmale Streifen und lege sie so auf die Reis-Wolken, dass jede zwei Augen und einen Mund hat.

❷ Lege nun aus den übrigen Zutaten die verschiedenen Streifen des Regenbogens: Die Rote-Bete-Scheiben bilden den lila Streifen, die Gurken den grünen, die Maiskörner den gelben, die Karotten den orangenen und die Tomaten den roten Streifen.

❸ Zum Schluss kannst du aus den restlichen Maiskörnern noch eine Sonne legen.

TIPP

Achte darauf, keine Lebensmittel zu verschwenden! Aus den Zutaten, die übrig geblieben sind, kannst du zum Beispiel einen schönen bunten Salat zubereiten!

WIE FINDEST DU NEUE FREUNDINNEN?

Egal, ob du eigentlich schon gut versorgt bist oder dich manchmal ein bisschen einsam fühlst – es lohnt sich immer, neue Freundschaften zu knüpfen! Hier kommen ein paar Ideen, wie es leichter geht.

SEI DU SELBST!

Wer möchte schon mit einem Mädchen befreundet sein, das immer schlecht gelaunt ist? Mit einem Lächeln im Gesicht geht vieles leichter! Wenn du fröhlich und umgänglich bist, wirst du ganz schnell mit anderen netten Mädchen in Kontakt kommen. Wichtig ist aber, dass du dir selbst und deiner Persönlichkeit treu bleibst und nicht versuchst, in die Haut einer anderen Person zu schlüpfen.

BRING ANDERE ZUM LACHEN!

Dein Humor kann eine sehr große Macht entfalten. Humor hat viele Facetten: Vielleicht bist du von Natur aus witzig, machst gern Faxen, kannst andere gut nachmachen oder kennst zahllose Fritzchen-Witze auswendig? Wenn die anderen über deine Späße lachen, hast du schon gewonnen, und alle Herzen fliegen dir zu!

DIE NEUE SCHULE

Auf der weiterführenden Schule beginnt ja angeblich der „Ernst des Lebens". So viele unbekannte Gesichter! Und deine Freundinnen sind überall verteilt, in der Parallelklasse oder sogar auf einer anderen Schule. Aber kein Grund zur Panik! Den anderen Mädchen geht es ganz genauso wie dir. Wenn du das Klassenzimmer betrittst, suche einen freien Platz neben einem anderen Mädchen, das dir sympathisch erscheint, und frage sie freundlich, ob du dich neben sie setzen darfst. Damit ist der erste Schritt geschafft! Dann sagst du ein paar nette Sachen über ihr Mäppchen, ihre Tasche oder ihre Stifte – aber mach nur ehrlich gemeinte Komplimente! Frage sie, auf welcher Schule sie vorher war, ob sie andere in der Klasse kennt und ob sie nachher hier zu Mittag essen wird. Versuche, auch die Pausen mit ihr zu verbringen. Nach ein paar Tagen ist eure kleine Gruppe bestimmt schon größer geworden!

UND WENN DU UMZIEHEN MUSST ...

Der absolute Horror! Vor allem, wenn der Umzug mitten im Schuljahr stattfindet, fühlt man sich anfangs schrecklich isoliert. Aber mach dir keine Sorgen, das wird sich schnell ändern. In der Schule wirst du sowieso schnell Freunde finden, aber auch die neue Nachbarschaft ist ein wichtiger Anknüpfungspunkt. Bitte deine Eltern, dich zu begleiten, und dann stellt ihr euch gemeinsam den neuen Nachbarn vor. Ihr könnt sie auch zu einem kleinen Imbiss bei euch einladen! Erkundige dich, welche Freizeitangebote es in deinem neuen Wohnort gibt: Sportverein, Musikverein, Theatergruppe, Zirkus, Naturschutzbund ... Sport verbindet, beim gemeinsamen Training findet man ganz schnell Gleichgesinnte.

FREUNDSCHAFTS- 
 BÄNDCHEN

→ Bastele hübsche Freundschafts-
→ bändchen für dich, deine ganze
→ Familie und all deine Freundinnen.

DAFÜR BRAUCHST DU:

★ drei jeweils 130 cm
  lange Baumwollfäden in
  verschiedenen Farben

★ eine Schere

★ Klebeband

1 Lege die drei Fäden
nebeneinander und
greife sie in der
Mitte, sodass die
6 Fadenenden
sich berühren.

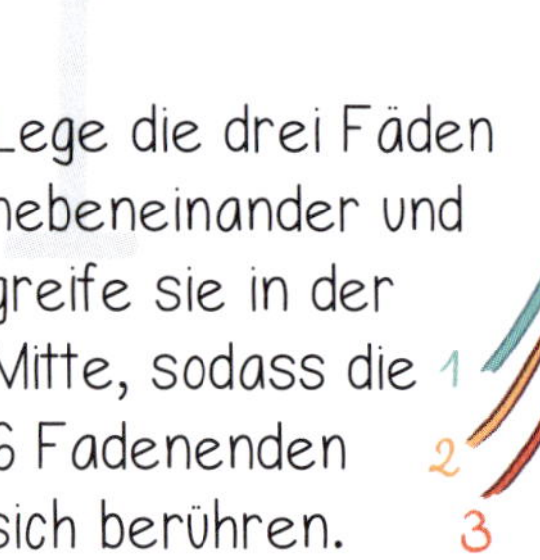

2 Die so entstandene Schlinge verknotest du und befestigst sie mit
einem Klebeband an einem Tisch,
damit sie nicht verrutscht, während du das Armband bastelst.
Das ist deine Basis. Ordne die
Fäden auf dem
Tisch nebenei-
nander an, wie
auf der Abbildung
zu sehen.

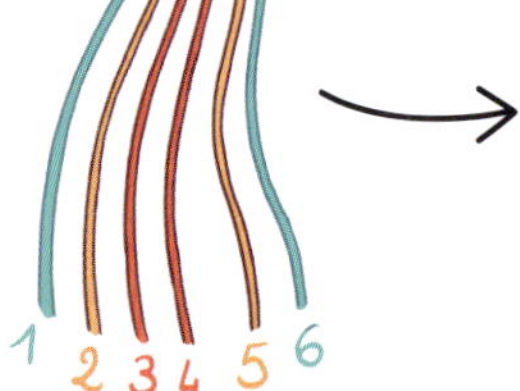

3 Für den ersten Knoten
nimmst du Faden Nr. 1 und
knotest ihn um Faden Nr. 2.
Schiebe den Knoten zur
Basis hinauf und ziehe
ihn fest. Dann machst du
noch einen Knoten. Halte
Faden Nr. 2 dabei straff
gespannt.

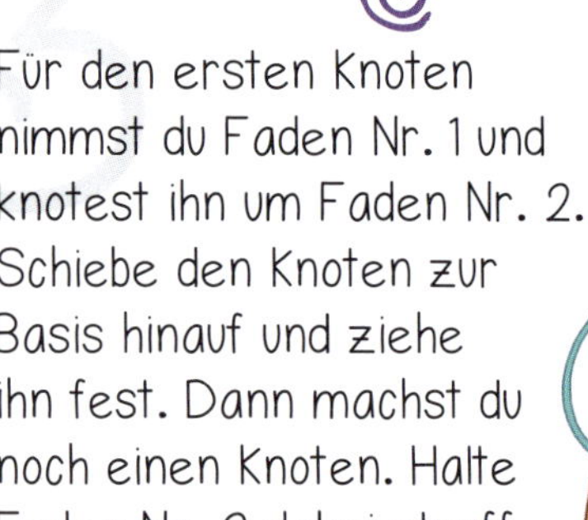
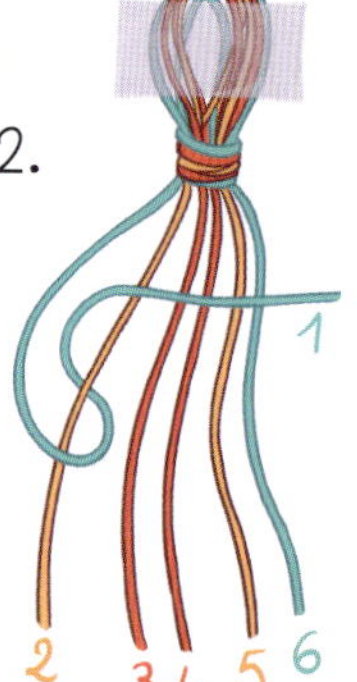

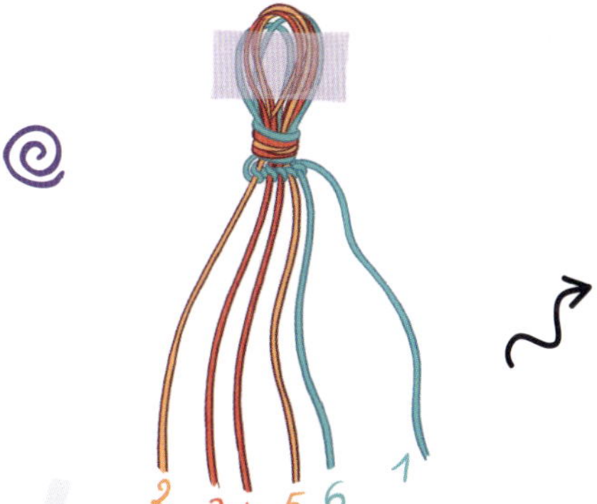

Mit demselben Faden Nr. 1 machst du nun je zwei Knoten wie oben beschrieben um Faden Nr. 3, dann um Faden Nr. 4, Faden Nr. 5 und Faden Nr. 6. Danach befindet sich Faden Nr. 1 auf der letzten Position, rechts neben Faden Nr. 6.

Zum Schluss teilst du die Fäden in zwei Dreiergruppen auf und flichtst zwei kleine Zöpfe aus ihnen. Fixiere jedes Zöpfchen mit zwei Doppelknoten. Wenn du das Armband anlegst, kannst du die beiden zopfigen Enden an der Schlinge (die „Basis" vom Anfang) festbinden.

Du kannst das Armband selbst tragen oder verschenken!

Mit Faden Nr. 2 verfährst du nun genauso: Knüpfe einen Knoten um Faden Nr. 3, schiebe den Knoten zur Basis hinauf und ziehe ihn fest. Dann machst du einen zweiten Knoten und hältst Faden Nr. 3 dabei straff gespannt. Danach machst du, immer noch mit Faden Nr. 2, zwei Knoten um Faden Nr. 4, dann um Faden Nr. 5, Faden Nr. 6 und schließlich um Faden Nr. 1. Nun befindet sich Faden Nr. 2 auf der letzten Position, rechts neben Faden Nr. 1. Fahre auf diese Weise fort, bis das Armband lang genug für dein Handgelenk ist.

Noch einfacher ...

Wenn du nicht die Zeit (oder die Geduld) für so viele einzelne Knoten hast:

- Fädele einen Anhänger oder eine Perle auf ein einfaches Band auf.
- Du kannst auch aus drei Fäden oder Bändern in verschiedenen Farben ein einfaches Armband flechten.

SPIELE FÜR DEINE PYJAMA-PARTY

Hast du Lust, bei dir zu Hause eine tolle Pyjama-Party zu veranstalten? Wir haben hier jede Menge Ideen, die dafür sorgen werden, dass ihr euch garantiert nicht langweilt!

ERLAUBNIS DER ELTERN

Frage deine Eltern, ob du zwei, drei oder vier Freundinnen einladen darfst. Je mehr verrückte Hühner zusammenkommen, desto lustiger wird es! Vorab legt ihr die Regeln fest: Wann ist endgültig Schlafenszeit? Bis wann muss alles wieder aufgeräumt sein? Damit deine Freundinnen auch wirklich kommen können, sage ihnen rechtzeitig Bescheid, wann die Pyjama-Party stattfinden soll!

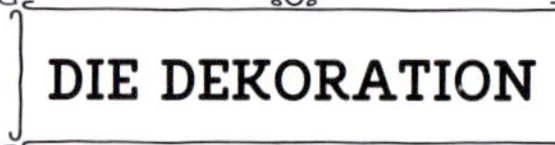

DIE DEKORATION

Damit euer Mädelsabend ein voller Erfolg wird, dekoriere das Wohnzimmer ein wenig, zum Beispiel mit Girlanden oder einer Lichterkette. Schafft euch eine kleine Oase. So kommt gleich gute Stimmung auf!

TIPP

Wenn die Party vorbei ist, kannst du die Girlande (Bastelanleitung siehe nächste Seite) in dein Zimmer hängen und Fotos von eurem lustigen Abend daran befestigen.

Dafür brauchst du:

- einen stabilen Bindfaden, der lang genug ist, dass du ihn in deinem Zimmer von Wand zu Wand spannen kannst;
- festes, buntes Papier oder Filz in verschiedenen Farben
- eine Schere
- Klebeband
- ein dünnes, weißes Blatt Papier
- Klebemasse oder Klebepads

❶ Lege das weiße Blatt Papier über die Vorlagen und pause die verschiedenen Motive ab.

❷ Schneide die Umrisse aus. Du brauchst diese Schablonen, um die Motive auf das bunte Papier oder den Filz zu übertragen. Male so viele auf, wie du für die Länge der Girlande benötigst.

❸ Schneide alle Formen aus und lege sie nebeneinander auf den Tisch.

❹ Lege die Schnur darüber und klebe sie mit dem Klebeband an den Motiven fest.

❺ Befestige die Girlande mithilfe der Klebepads an den Wänden.

VORLAGEN ZUM ABPAUSEN

Einen Tag, bevor die Party steigen soll, überlegst du, ob du alles hast, was du für den Pyjama-Abend brauchst: Für jede einen Platz zum Schlafen mit Kissen und Decke, das Material für die Spiele, einen Fotoapparat oder ein Handy für die vielen lustigen Schnappschüsse und vielleicht auch ein paar Knabbereien.

EIN HAUFEN GEHEIMNISSE

Keine Pyjama-Party ohne aufregende Offenbarungen und geflüsterte Bekenntnisse! Dazu braucht ihr den Freundschaftswürfel – die Bastelanleitung dazu findest du auf S. 121. Es wird reihum gewürfelt, und jede erfüllt die Aufgabe, die der Würfel ihr stellt. Natürlich könnt ihr auch einfach weiter quatschen und einander alles Mögliche anvertrauen. Damit die Geheimnisse auch leicht von den Lippen gehen, gibt es nichts Besseres, als sich in eine behagliche Ecke zurückzuziehen. Lege eine alte Matratze auf den Boden, ein paar Decken und große, gemütliche Kissen darauf, und fertig ist die Kuschelecke.

AUGEN ZU!

Kichern und quatschen ist super, aber spielen und Spaß haben ist noch viel besser! Hier kommt das erste Spiel: Ihr schaltet das Licht aus und zieht Schuhe und Strümpfe aus. Die Jüngste von euch fängt an und muss nur durch Tasten herausfinden, wem welcher Fuß gehört. Kitzeln ist ausdrücklich erlaubt!

Diejenige von euch, die die Füße am besten zuordnen konnte, fängt beim nächsten Spiel an: Das Licht wird wieder ausgeschaltet und die Person muss sich fünfmal um die eigene Achse drehen. Dann muss sie versuchen, die anderen im dunklen Zimmer zu finden, ohne überall anzustoßen.

TEUFLISCHE WORTKETTE

Analog zu dem bekannten Wörterkette-Spiel mit zusammengesetzten Hauptwörtern (Seeigel –> Igelbau –> Baustelle usw.), werden die Regeln etwas erweitert! Zum Beispiel so: Pyjama –> Mama ist die beste – bestellen wir gleich Pizza? usw.) Wem nichts einfällt, bekommt von den anderen eine (milde) Strafe auferlegt. Wenn ihr feststeckt, könnt ihr einfach mit einem neuen Wort noch einmal neu beginnen.

Bitte deine Eltern (oder bereite das vor dem Beginn der Party selbst vor), Schüsseln mit etwas zu füllen, das sich eklig oder komisch anfühlt, zum Beispiel gekochter Reis, Haargel, Slime, nasse Baumwolle, vertrocknete Blätter, Quark usw. Verbindet euch die Augen und fasst nacheinander in die Schüsseln. Jede muss versuchen, den Inhalt zu erraten. Wer am Ende die meisten Sachen erkannt hat, wird feierlich zur „Königin Schmodder" gekrönt!

BYE-BYE!

Das war's! Irgendwann ist auch die tollste Fete vorbei, die Freundinnen sind nach Hause gegangen. Damit du bald wieder eine Party feiern darfst, hilf deinen Eltern beim Aufräumen kräftig mit! Sie werden sich freuen, dass man sich auf dich verlassen kann, und sind (vielleicht) eher bereit, dir die nächste Sause zu erlauben!

Finde deinen **Style**

Mit ein paar Tricks kannst du einen Look finden, der zu dir passt und der modern und angesagt ist, ohne dass du Gefahr läufst, unecht oder verkleidet zu wirken. Zuallererst musst du aber deinen Stil festlegen. Ein bestimmtes Accessoire oder eine Farbe kann zu deinem Markenzeichen werden. Welcher Dresscode passt zu dir?

Vielleicht magst du …

○ lange Röcke, Rüschen, Spitzenbesatz, Stickereien, Unterröcke
»→ dann bist du eher der **romantische** Typ.

○ Crop Tops (kurze, knappe Tops), Kapuzenpullis, Jogginghosen oder kurze Röcke
»→ dann ist **Street** Style dein Ding.

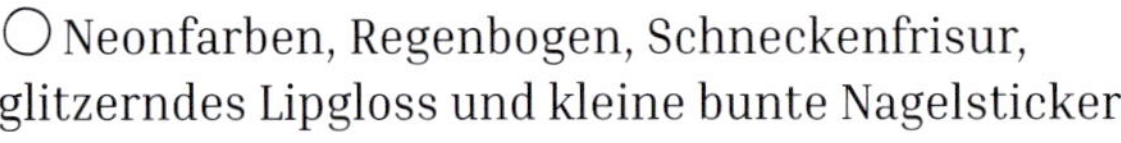

○ Neonfarben, Regenbogen, Schneckenfrisur, glitzerndes Lipgloss und kleine bunte Nagelsticker
»→ dann fühlst du dich im **Manga** Style wohl.

○ Drillichhosen, Turnschuhe, kurze Blousons, breite Gürtel
»→ dann bist du im **Urban** Style zu Hause.

○ ausladende Kleider, Blumen, Liberty-Print, die Farbe Rosa, Schleifen, Krönchen
»→ dann bist du eine **Boho-Princess**.

○ alles, was keinem außer dir gefällt
»→ dann hast du wahrscheinlich einen eher **ausgefallenen** Stil.

Die 3-Farben-Regel

Bis auf wenige Ausnahmen solltest du nicht mehr als drei verschiedene Farben kombinieren. Na gut, du hast einen Joker, aber nur zu Fasching oder wenn du auf ein Kostümfest eingeladen wurdest! Du kannst dich durch deinen Kleiderschrank durchprobieren, bis du das richtige Outfit gefunden hast, aber vielleicht nicht gerade früh morgens – sonst kommst du noch zu spät zur Schule!

Trau dich!

Stehe zu dir und deiner Persönlichkeit. Sage laut und deutlich, was dir gefällt und was nicht. Du hast keinen Grund, dich für irgendetwas zu schämen! Die Hauptsache ist, dass du von dem, was du sagst und tust, überzeugt bist und dahinterstehst.

Das kleine Detail, das alles verändert

Integriere ein aktuelles Thema oder Motto in deinen Stil. Ist zum Beispiel gerade „Karibik" modern? Du kannst dir einen Anstecker mit einer Palme darauf oder ein Armband mit einem Anhänger aus Modelliermasse basteln. Oder du malst eine Ananas mit Textilstiften auf eines deiner T-Shirts. Es ist gar nicht schwer, up to date zu sein, ohne sich finanziell zu ruinieren!

WIE KANNST DU DEIN TASCHENGELD AUFBESSERN?

Du musst ja nicht gleich die Chefin eines florierenden Unternehmens werden, aber wäre es nicht super, wenn du genug Geld auf der hohen Kante hättest, um dir den einen oder anderen Traum zu erfüllen?

- 1 € für jedes Schimpfwort: Jedes Mal, wenn ein Mitglied deiner Familie ein Schimpfwort oder einen Kraftausdruck verwendet, muss er oder sie der Person, die ihn oder sie darauf aufmerksam gemacht hat, 1 € geben. Die Chancen stehen gut, dass deine Eltern solche Wörter viel häufiger benutzen als du, deswegen könnte das eine lohnende Geldquelle sein!

- Biete deinen älteren Geschwistern deine Dienste an – gegen Bezahlung: Zimmer aufräumen, Staubsaugen, macht 2 € bitte!

- Verkaufe alte Spielsachen, Bücher und Krimskrams: Mit Unterstützung deiner Eltern organisierst du dir einen Stand auf dem Flohmarkt oder verkaufst die Sachen über das Internet.

- Verhandele mit deinen Eltern: Fenster putzen, das Auto zum Glänzen bringen oder den Rasen mähen zum günstigen Preis von nur 5 €! Jede Arbeit verdient einen Lohn!

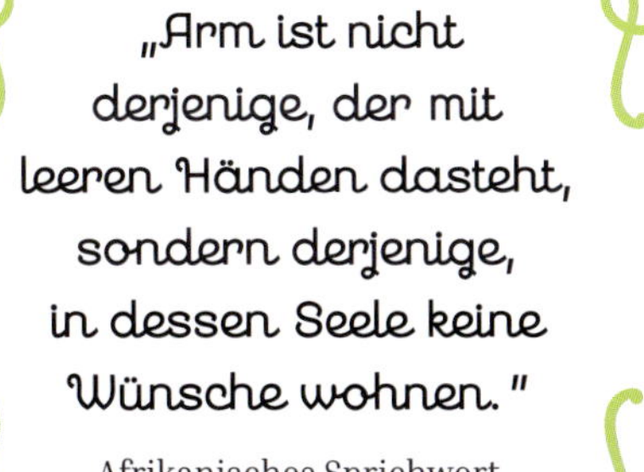

> „Arm ist nicht derjenige, der mit leeren Händen dasteht, sondern derjenige, in dessen Seele keine Wünsche wohnen."
>
> Afrikanisches Sprichwort

Nach einer Umfrage geben in Deutschland rund drei Viertel der Eltern ihren Kindern Taschengeld. In Österreich sind es nur rund 44 Prozent. Wenn du keines bekommst, versuche etwas von dem Geld zu sparen, das dir zum Geburtstag oder zu Weihnachten geschenkt wird!

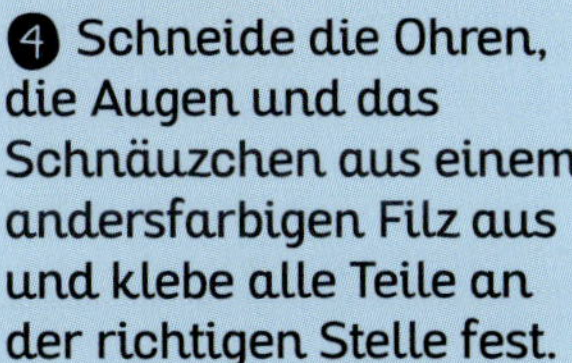

Dein neuer Geldbeutel

Dafür brauchst du:

- Wollfilz in verschiedenen Farben
- Textilkleber
- einen Klettverschluss
- schwarzen Wollfilz
- verschiedene Textilmalstifte

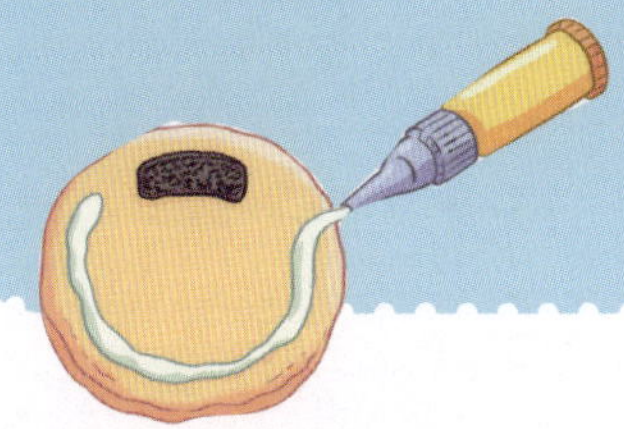

❶ Male mithilfe einer Tasse oder eines Glases zwei gleich große Kreise auf den Wollfilz und schneide sie sorgfältig aus.

❷ Klebe die beiden Kreise so zusammen, dass an einer Seite eine Öffnung bleibt.

❸ Schneide die Teile des Klettverschlusses auf die passende Länge zu und klebe die Streifen innen an der Öffnung fest.

❹ Schneide die Ohren, die Augen und das Schnäuzchen aus einem andersfarbigen Filz aus und klebe alle Teile an der richtigen Stelle fest.

❺ Zum Schluss malst du Details wie Wimpern und Schnurrbarthaare mit Textilmalstiften auf. Fertig!

Gut für dich
und die Umwelt!

Wenn man das Leben als eine Art sportliche Herausforderung betrachtet, macht es mehr Spaß! Hier zeigen wir dir, wie einfach es ist, ökologischer zu leben!

10 coole Aktionen, um den Planeten zu retten

❶ Duschen statt Baden: Wenn du fünf Minuten lang unter der Dusche stehst, verbrauchst du ungefähr viermal weniger Wasser, als wenn du dich in die Badewanne legst!

❷ Schalte das Licht aus, wenn du einen Raum verlässt. Statt eine Lampe anzuknipsen, kannst du mit Bio-Kerzen eine behagliche Atmosphäre zaubern (aber bitte auspusten, wenn du aus dem Zimmer gehst)!

❸ Trinkt Wasser aus dem Wasserhahn, statt Wasser in Flaschen zu kaufen. Das Trinkwasser in Deutschland schmeckt gut, wird streng kontrolliert und schneidet in Tests besser ab als so manches teure Mineralwasser!

❹ Verwende wiederaufladbare Batterien (Akkus) für deine Geräte, das ist im Endeffekt billiger, als immer wieder neue Batterien zu kaufen, und besser für die Umwelt ist es sowieso!

❺ Bye-bye Standby: Schalte Geräte wie Fernseher, Stereoanlage, Computer etc. ganz aus, statt sie im Standby-Modus zu lassen. Und lass dein Ladegerät nicht in der Steckdose stecken!

6 Vermeide Plastik- oder Papiertüten: Wenn du einkaufen gehst, nimm einen Rucksack, einen Einkaufskorb und genügend Stofftaschen von zu Hause mit!

7 Lass das Wasser nicht laufen, wenn du dir die Zähne putzt. Nimm stattdessen ein Glas, damit du nicht zehn Liter Wasser verschwendest!

So lange braucht Müll, um zu verrotten

Überlege dir gut, ob du Wegwerfprodukte kaufen willst! Wir haben hier einmal aufgelistet, wie lange verschiedene Gegenstände in der Natur brauchen, bis sie vollständig verrottet sind:

- eine Trinkflasche aus Plastik: bis zu 1.000 Jahre
- eine Einkaufstüte aus Plastik: 450 Jahre
- eine Getränkedose: bis zu 100 Jahre
- ein Kaugummi: 5 Jahre
- eine Busfahrkarte: 1 Jahr
- ein Papiertaschentuch: 3 Monate
- ein Apfelgehäuse: etwa 1 bis 5 Monate

8 Nimm das Fahrrad oder den Bus, wenn du irgendwohin musst, statt deine Eltern zu bitten, dich mit dem Auto zu chauffieren.

9 Iss Obst und Gemüse der Saison: Produkte, die aus deiner Region oder zumindest aus deinem Land kommen, müssen nicht über so weite Strecken transportiert werden. Das spart Treibstoff und reduziert damit die Umweltbelastung.

10 Trenne und recycle deine Abfälle: Wirf deinen Müll in die passende Tonne. Einseitig bedrucktes Papier kannst du als Schmier- und Notizzettel benutzen. Überlege, was du sonst noch wiederverwerten könntest, statt es wegzuwerfen.

MISSION PARFÜM

Du bist einzigartig, und daher verdienst du auch einen einzigartigen Duft, der zu dir passt! Kreiere dein eigenes Parfüm – leicht, zart und geheimnisvoll!

Blumenduft

Für dein Parfüm brauchst du duftende Blüten: Lavendel, Rose, Jasmin, Duftpelargonie, Orange, Mimose ... Die Auswahl ist groß, du kannst auch verschiedene Blüten mischen.

❶ Zupfe die Blütenblätter ab und gib sie mit 250 ml Wasser in einen Topf. Bring das Wasser bei geschlossenem Deckel zum Kochen, schalte dann den Herd aus und lass die Mischung vier Stunden lang ziehen.

❷ Gib ein paar Tropfen Branntweinessig hinzu, um den Duft der Blüten zu fixieren. Dann gießt du deine Mischung vorsichtig durch ein sehr feines Sieb oder einen Kaffee- oder Teefilter.

❸ Fülle deine Essenz vorsichtig in einen hübschen Flakon um und stelle ihn in den Kühlschrank.

Im Kühlschrank ist dein Parfüm ungefähr sieben Tage haltbar.

Schon gewusst?

Die südfranzösische Gemeinde Grasse ist die Welthauptstadt des Parfüms. Bereits im 17. Jahrhundert wurde dort erfolgreich Parfüm hergestellt.

Germaine Cellier

*Die erste weibliche „Nase"
ist eine freche Frau mit feurigem
Temperament und genialen Parfüm-Ideen!*

Germaine Cellier kommt 1909 im französischen Bordeaux zur Welt. In Paris studiert sie Chemie und wird mit 21 Jahren als Chemikerin in einer Firma eingestellt. Ihre wahre Berufung findet sie aber erst zehn Jahre später, als sie den erfolgreichen Modeschöpfer Robert Piguet kennen lernt. Für sein Unternehmen kreiert sie 1944 ihr erstes Parfüm namens Bandit. In den folgenden Jahren komponiert sie viele weitere Düfte, die auf den Markt kommen. Germaine Cellier gilt als die erste Frau, die sich als Parfümeurin erfolgreich durchsetzen konnte. Sie starb 1976 im Alter von 67 Jahren in Paris.

Die Franzosen bezeichnen einen Parfümeur oder eine Parfümeurin als „Nase".

WIE DU IN DER PAUSE GUT ANKOMMST ... UND IM UNTERRICHT AUCH!

Es ist nicht immer einfach, in der Pause sympathisch rüberzukommen und gleichzeitig im Unterricht eine gute Figur zu machen.

ORGANISIERE DICH!

Für einen kühlen Kopf und frische Ideen gibt es nichts Besseres als eine gute Organisation: ein aufgeräumtes Zimmer, frisch gespitzte Bleistifte, übersichtlich geordnete Unterlagen ... Du wirst merken, dass es dir viel leichter fällt, dich zu konzentrieren, wenn dein Arbeitsplatz ordentlich ist. Dann können Hausaufgaben sogar Spaß machen!

NEUE GESICHTER

Es ist immer schön, sich mit Freundinnen zu treffen. Aber denk auch an die anderen, die neu in der Klasse sind und sich nichts sehnlicher wünschen, als dass jemand Nettes sie anspricht! Versetze dich in ihre Lage: Wenn du die Neue wärst, würdest du dir auch wünschen, dass man auf dich zugeht und dich in der neuen Schule freundlich empfängt. Du wirst sehen: Es warten viele interessante Begegnungen auf dich!

Finde deinen Rhythmus

Wenn sich in den Ferien ein paar schlechte Angewohnheiten eingeschlichen haben und du zum Beispiel immer spät ins Bett gegangen bist, solltest du bereits einige Tage vor Schulbeginn anfangen, dich langsam wieder an das frühe Aufstehen (und das frühe Schlafengehen) zu gewöhnen.

KEINER MAG ANGEBER!

Egal, ob du die Beste in deiner Klasse bist oder nicht – es gibt ein paar Regeln, wie du vermeidest, dir Feinde zu machen. Am besten ist es, mit seinen Leistungen nicht unnötig aufzutrumpfen. Wenn du das Gedicht fehlerfrei aufsagen kannst, brauchst du dich deswegen nicht wichtig zu machen, und wenn du der Liebling von Frau Sowieso bist, solltest du dir darauf nichts einbilden. Wenn du auf ein Lob vom Lehrer mit Zurückhaltung reagierst, wird dir das bei deinen Mitschülern umso mehr Respekt verschaffen.

WAS ÄNDERT SICH AUF DER WEITERFÜHRENDEN SCHULE?

Wenn du noch in der Grundschule bist, genieße die schöne Zeit! Auf der weiterführenden Schule ändert sich vieles, alles ist irgendwie größer! Nicht nur die Schüler, sondern auch die Anzahl der Räume. Der Unterricht findet jetzt nicht mehr nur im Klassenzimmer statt, sondern auch in den verschiedenen Fachräumen, zu denen ihr hinlaufen müsst. Du wirst also auch mehrere Lehrer haben. Aber kein Grund zur Panik! Alles, was dir am Anfang unüberwindbar erscheint, wird für dich bald zum Alltag gehören. Viele weiterführende Schulen bieten vor Beginn des neuen Schuljahres Schnuppertage für die Neulinge an, damit sie das Gebäude und ein paar Lehrer kennenlernen. Wenn du dich erst einmal eingewöhnt hast, wird dir der neue Rhythmus gefallen: Du wirst dich freier fühlen!

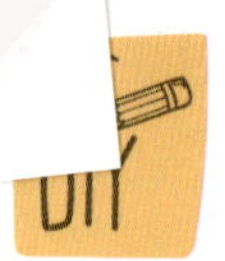

MACH DEINEN EIGENEN SLIME!

→ Es ist einfach herrlich, diesen „Schleim" zu kneten, zu
→ formen, zu zerdrücken, in die Länge zu ziehen
→ und damit herumzumanschen!

DAFÜR BRAUCHST DU:

- ★ einen Erwachsenen
- ★ ein Paar Gummi- oder Latexhandschuhe
- einen Kochlöffel aus Holz
- ★ eine Schüssel
- ★ 2 Suppenkellen transparenten Bastelkleber (wasserlöslich und lösemittelfrei)
- ★ 1 Suppenkelle Rasierschaum
- ★ Lebensmittelfarbe (rot, gelb oder blau)
- ★ 15–20 Tropfen Kontaktlinsenlösung

1 Zieh dir die Gummihandschuhe über und gib erst den Bastelkleber, dann den Rasierschaum in eine Schüssel. Rühre alles mit dem Kochlöffel um.

Gib ein paar Tropfen von der Lebensmittelfarbe (welche Farbe du möchtest!) hinzu, um deinen Slime einzufärben. Gründlich umrühren.

Nun kommt die Kontaktlinsenlösung hinzu. Die Masse muss gründlich vermischt werden. Lass dir dabei aber von einem Erwachsener helfen, denn durch das Vermischen der Zutaten bildet sich Borsäure, und deren Dämpfe können die Augen reizen! Am besten ist es, wenn du eine Schutz- oder Schwimmbrille aufsetzt.

TIPP

- Wenn dein *Slime* zu klebrig ist, gib noch etwas von der Kontaktlinsenflüssigkeit hinzu und knete die Masse (natürlich mit Handschuhen und bei guter Lüftung!) gründlich durch, damit sie schön gummiartig wird.
- Wenn du mehr Rasierschaum dazugibst, bekommst du einen *Fluffy Slime*.
- Du kannst Glitzer unter deinen Slime mischen, dann erhältst du *Glitter Slime*.

Der Ton macht die Musik – 8 Tipps zur Wortwahl

Manchmal reichen ein paar kleine Worte aus, um eine angespannte Situation zu entschärfen – auch wenn es dir in dem Moment schwerfällt!

Sage nicht:
„Och nö! Ich hab keinen Bock, da hinzulatschen!"

Sag's besser so:
„Muss ich da wirklich hingehen?"

Sage nicht:
„Ok, cool."

Sag's besser so:
„Danke, das ist nett."

Sage nicht:
„Jahaa, ich bin ja nicht taub!"

Sag's besser so:
„Ja, Papa, ich verstehe."

Sage nicht:
„Ich bin hier doch nicht das Dienstmädchen!"

Sag's besser so:
Ja, ich werde mein Zimmer aufräumen, einen Moment noch."

Erwachsene, die du nicht kennst, solltest du nicht duzen, es sei denn, sie fordern dich dazu auf. Du kannst sie aber fragen: „Darf ich Sie duzen?"

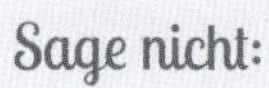

Sage nicht:
„Hau ab, mach dich vom Acker!"

Sag's besser so:
„Kannst du mich eine Weile in Ruhe lassen?"

Sage nicht:
„Meine Mutter nervt dermaßen!"

Sag's besser so:
„Mama und ich sind nicht immer einer Meinung."

Statt hässliche Schimpfwörter zu verwenden, kannst du erfundene Wörter benutzen, um Dampf abzulassen, zum Beispiel: „Knettorte!" oder „Runzelolm!"

Atme!

Um dich zu entspannen, genügen ein paar tiefe Atemzüge – wirklich! Das glaubst du nicht? Probiere es aus!

Halt die Luft an!

Atme tief durch die Nase ein. Dann halte ein paar Sekunden lang die Luft an, bevor du ganz langsam, so lange wie möglich (mindestens doppelt so lange, wie du eingeatmet hast) durch den Mund ausatmest, bis deine Lungen vollkommen leer sind. Wiederhole diese Atemübung so oft wie nötig. Sie versorgt dein Blut mit frischem Sauerstoff und beruhigt dich.

Der kleine Hund

Diese Position heißt *Der herabschauende Hund*. Nach einem anstrengenden Tag ist diese Haltung ideal, um allen Stress loszulassen!

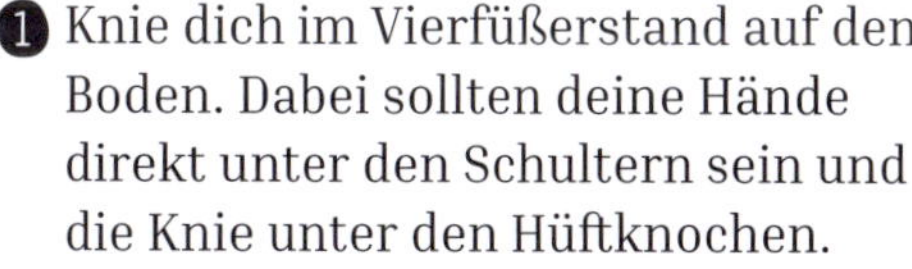

❶ Knie dich im Vierfüßerstand auf den Boden. Dabei sollten deine Hände direkt unter den Schultern sein und die Knie unter den Hüftknochen.

❷ Atme durch die Nase ein, gleichzeitig hebst du die Knie vom Boden ab, streckst die Beine durch und senkst den Kopf. Dein Rücken soll dabei gerade bleiben.

❸ Versuche, mit den Fersen den Boden zu berühren. Der Blick geht nach unten. Mehrmals ein- und ausatmen.

Dann kehrst du wieder in den Vierfüßerstand zurück, die Knie berühren wieder den Boden und du nimmst die Ausgangsposition ein.

WIE WIRD MAN ZUR WELTBESTEN FREUNDIN?

Freundschaft soll kein Wettbewerb sein, aber manchmal sind es nur ein paar Kleinigkeiten, die dich zur aller-aller-besten Freundin machen.

VERTRAUT EINANDER ALLES AN …

Du hast tonnenweise Geheimnisse zu erzählen, aber weißt nicht, wie und wo anfangen? Du kannst mit deinen Freundinnen ein gemeinsames Tagebuch anlegen. Jeden Abend nimmt eine von euch das Tagebuch mit nach Hause und schreibt alles hinein: wie sie sich fühlt, was ihr durch den Kopf geht oder auch eine lustige Begebenheit oder einen Witz. Am nächsten Morgen gibt sie das Buch an die nächste weiter, die nicht nur ihre eigenen Gedanken hineinschreibt, sondern auch das bereits Geschriebene kommentiert, Tipps gibt, Vorschläge macht usw.

Wenn du dich schlecht fühlst, habe keine Angst, alles aufzuschreiben, was dir auf dem Herzen liegt! Deine Freundinnen sind nicht nur für dich da, wenn du gut drauf bist, sondern auch, um dich zu trösten und zu unterstützen.

… ABER NICHT WEITERERZÄHLEN!

Geheimnisse werden nicht ausgeplaudert! NIEMALS!! Selbst wenn du das Gefühl hast, es zerreißt dich, weil du es soo gerne jemandem erzählen würdest … nein! Auf gar keinen Fall! Psst! Das Vertrauen deiner Freundin darfst du nicht missbrauchen, eure Freundschaft könnte daran zerbrechen! Und du hättest dann den Ruf, eine Geheimnisverräterin zu sein! Wenn es sich wirklich um ein ernstes Problem handelt, schlage ihr vor, mit jemandem darüber zu sprechen, der ihr helfen könnte: ihre Eltern, die große Schwester, die Vertrauenslehrerin …

Durch dick und dünn

Gleich und gleich gesellt sich gern, aber Unterschiede ziehen sich auch an!

Deine Freundinnen sind groß und brünett, und du bist eine kleine Blonde mit Sommersprossen? Na gut, rein äußerlich seid ihr euch vielleicht nicht besonders ähnlich, aber ihr mögt die gleichen Sachen, teilt dieselben Leidenschaften. Ihr redet häufig gleichzeitig, weil ihr in dem Moment das gleiche denkt. Euch gefallen die gleichen Kleider, die gleichen Ohrringe ... Aber Vorsicht, wenn es um die Liebe geht! Bestimmte Gefühle kann man nicht teilen!

Deine Freundinnen sind richtig mädchenhaft, während du auch als Junge durchgehen könntest. Ihnen fällt es leicht, auf andere zuzugehen, während du total schüchtern bist. Sie träumen davon, später mal bei *Ärzte ohne Grenzen* zu arbeiten, aber du kannst Krankenhäuser nicht ausstehen. Ihr habt also nicht wirklich viel gemeinsam, aber genau darin liegt der besondere Reiz eurer Freundschaft! Ihr könnt lebhaft diskutieren und liegt euch am Ende doch lachend in den Armen! Du hast zwar ein bisschen Angst vor Vögeln, aber kannst dich trotzdem nach dem Papagei von Lucia erkundigen! Auch wenn ihr noch so verschieden seid – versuche, dich für die Dinge zu interessieren, die ihnen wichtig sind. Sie werden es umso mehr zu schätzen wissen!

Aktion Garten

Du brauchst keinen fünf Hektar großen Garten, um zu beweisen, dass du einen grünen Daumen hast. Ein kleiner Balkon oder ein Fensterbrett reicht vollkommen aus.

Samen keimen lassen

Dafür brauchst du:

- eine Untertasse
- etwas Baumwolle
- Samenkörner
- Wasser
- einen Topf mit Loch (oder mehrere)
- Pflanzerde (am besten ohne Torf)

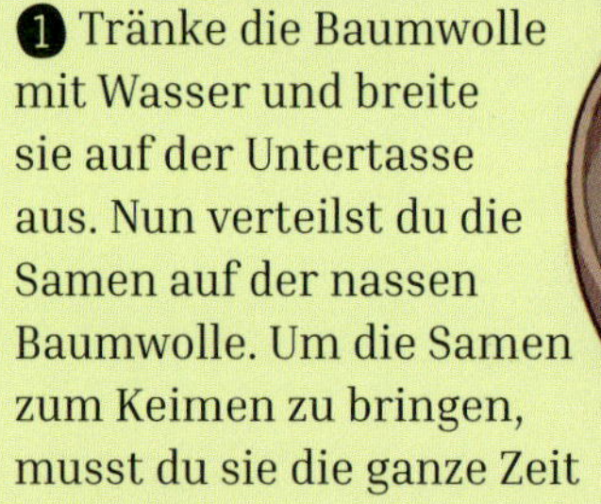

❶ Tränke die Baumwolle mit Wasser und breite sie auf der Untertasse aus. Nun verteilst du die Samen auf der nassen Baumwolle. Um die Samen zum Keimen zu bringen, musst du sie die ganze Zeit feucht halten. Hierfür benutzt du am besten eine Sprühflasche mit Wasser, das ist schonender für die zarten Keime als das Gießen mit der Gießkanne.

❷ Sobald die Keime ungefähr 5 cm groß sind, sortierst du vorsichtig die schwächsten aus, damit die stärkeren genug Platz haben, um sich zu entwickeln.

❸ Fülle die Blumentöpfe mit Erde und pflanze die Keime vorsichtig ein. Achte darauf, dass jedes Pflänzchen genug Platz zum Wachsen hat.

Avocado selbst ziehen

Wenn ihr das nächste Mal Avocados esst, rette den Kern vor der Biomüll-Tonne! Wasche ihn ab und lege ihn dann eine halbe Stunde lang in lauwarmes Wasser. Danach lässt du den Kern ein paar Stunden trocknen. Nun nimmst du drei Zahnstocher und bohrst sie von drei Seiten so in den Kern, dass du ihn in ein mit Wasser gefülltes Glas hängen kannst. Das runde Ende soll dabei im Wasser liegen, das spitzere Ende schaut oben aus dem Wasser heraus. Stelle das Glas an einen warmen, hellen Ort. Wechsele regelmäßig das Wasser und habe Geduld! Nach einigen Wochen wird der Kern Wurzeln und Triebe bilden. Wenn die Wurzeln etwa 1–2 cm lang sind, kannst du den Kern in einen Topf einpflanzen.

Ananas vermehren

Schneide den Blattschopf einer frischen Bio-Ananas mit einem scharfen Messer etwa 2 cm unterhalb der Blätter ab. Lass dir hierbei von einem Erwachsenen helfen. Entferne einige der unteren Blätter  und restliches Fruchtfleisch, um die Wurzeln freizulegen. Lass den Schopf ein paar Tage trocknen. Dann stellst du ihn in ein Glas mit Wasser, sodass der Strunk (nicht die Blätter!) ins Wasser hängt. Ist das Glas breiter, nimm ein Stäbchen und hänge den Strunk daran. Wechsele regelmäßig das Wasser. Sobald die Wurzeln etwa 1 cm lang sind, kannst du die Ananas einpflanzen. Mit etwas Glück trägt deine Pflanze im nächsten Jahr ihre erste Frucht!

eine SCHACHTEL MIT GEHEIMFACH

Kommt überhaupt nicht infrage, dass jemand in deinen Sachen herumschnüffelt! Diese Schachtel mit doppeltem Boden schützt deine Geheimnisse auch dann vor neugierigen Blicken, wenn du nicht zu Hause bist!

DAFÜR BRAUCHST DU:

★ einen leeren Schuhkarton

★ 2 Stücke Pappe, die exakt die gleichen Maße haben wie der Innenboden deines Kartons

★ ein etwa 5 cm langes, schmales Bändchen

★ Klebeband

★ eine kräftige Schere

1

Für die Fächer am Boden des Kartons (das Geheimfach) schneidest du aus einem der beiden Pappstücke zwei Streifen: Der erste Streifen ist so lang wie die längere Seite des Kartons und 5 cm breit; der zweite Streifen ist so lang wie die kürzere Seite des Kartons und ebenfalls 5 cm breit. Schneide nun diese beiden Pappstreifen in der Mitte jeweils so weit ein, dass du sie ineinanderstecken kannst. Stelle das so entstandene Kreuz auf den Boden deines Kartons.

Lege deine geheimsten Schätze in die Fächer.

Klebe das Bändchen an einer der schmalen Seiten des zweiten Stücks Pappe fest, drehe die Pappe um, klappe das Bändchen nach oben um und lege die Pappe über die Geheimfächer.

Mithilfe des Bändchens kannst du die Pappe anheben, um an dein Geheimfach zu gelangen.

Fülle den Karton nun mit irgendwelchen unwichtigen Dingen, um eventuelle Schnüffler zu täuschen.

Du kannst den Karton von außen hübsch gestalten, zum Beispiel ihn bemalen oder mit buntem Papier, Masking Tape oder Fotos bekleben usw.

Wenn jemand es wagen sollte, deine Schachtel zu öffnen, wird er nicht ahnen, dass sie einen doppelten Boden hat! Deine Geheimnisse sind sicher!

Kräftemessen – für Jungs und Mädchen!

Jungs behaupten immer, Mädchen seien schwächer als sie, weniger sportlich, zickiger, ängstlicher ... Von wegen! So etwas nennt man Klischee oder Stereotyp. Wir haben hier drei Vorschläge, wie du ihnen das Gegenteil beweisen kannst!

Klischee Nr. 1

Mädchen können kein Fußball spielen.

Na gut, die nächste Weltmeisterschaft wird wohl ohne dich stattfinden, aber dafür kannst du ein eigenes Mädchenfußball-Turnier organisieren! Versucht, möglichst viele Jungs als Zuschauer zu gewinnen – aber auch ohne männliches Publikum wird das Turnier jede Menge Spaß machen!

Klischee Nr. 2

Jungs sind stärker als Mädchen.

Organisiere einen Wettbewerb im Armdrücken! Du wirst überrascht sein, wie viele Mädchen hier gegen Jungs gewinnen können – ihr müsst nur all euren Mut aufbringen!

Schon gewusst?

Frauen verdienen im Durchschnitt immer noch weniger als Männer! Der sogenannte *Gender-Pay-Gap* liegt in Deutschland bei 21%. Das bedeutet: Für jeden Euro Lohn, den ein Mann verdient, bekommt eine Frau nur 78 Cent. Selbst wenn alle Arbeits- und Beschäftigungsmerkmale genau gleich sind, verdient eine Frau immer noch gut 6% weniger als ein Mann — für exakt die gleiche Arbeit! Die neue Generation muss sich gegen diese Ungerechtigkeit wehren!

Jungs machen immer nur blöde Witze.

Vielen Jungs fällt es sehr schwer zu sagen, was sie empfinden und wie sie sich fühlen. Diese Unsicherheit versuchen sie mit coolen Sprüchen zu überspielen. Es nicht immer einfach zu erkennen, was eigentlich in ihnen vorgeht. Und jetzt bist du dran! Deine Challenge: Versuche, die dummen Sprüche der Jungs zu kontern. Wenn er sagt: „Erzähl's der Parkuhr!", entgegnest du ganz gelassen: „Hat hier jemand was gesagt? Ich hör nur so ein Rauschen ..." oder „Hast du ein bisschen Kleingeld? Ich muss zur Parkuhr!" Wenn er ironisch sagt „Wie schön dein rosa Füller glitzert!" erwiderst du zuckersüß und überfreundlich: „Ja, aber das verstehst du nicht, er muss schließlich zu meinem Einhorn-Pyjama passen!"

Also, wer ist in Wirklichkeit das „schwache Geschlecht"?

MISSION MODE

Mit wenigen Handgriffen machst du aus ganz normalen Kleidungsstücken unverwechselbare Unikate.

Langweilige Jacke

Deine Strickjacke passt nicht mehr zu dir? Statt sie zur Kleidersammlung zu geben, kannst du sie zum Beispiel mit neuen Knöpfen aufpeppen: Regenbogen, Zahlen, Totenköpfe, Hunde, Sterne usw.

Weg mit dem Fleck!

Hat ausgerechnet dein Lieblingspulli einen hässlichen Fleck, der sich nicht mehr entfernen lässt? Schneide aus einem schönen Stück Stoff ein Motiv (Stern, Herz, Mond …) aus und klebe es mit Textilkleber über den Fleck.

„Mode vergeht, aber Stil ist unvergänglich."
Coco Chanel

Turnschuhverschönerung

Personalisiere deine Schuhe, indem du Perlen auf die Schnürsenkel auffädelst oder die Schnürsenkel durch breite Bänder ersetzt.

Schneller Schal

Wenn du dich nicht als geborene Schneiderin fühlst, nimm einfach einen Stoff, der dir gefällt und der nicht ausfranst, und schneide ihn auf die Größe zurecht, die dein Halstuch haben soll. Jetzt kann dir die Kälte nichts mehr anhaben!

Coco Chanel

Die berühmte Modeschöpferin kommt 1883 unter dem Namen Gabrielle Chasnel zur Welt. Im Alter von 18 Jahren gelangt sie über ihre Tante zur Schneiderei – eine Leidenschaft, die von da an ihr Leben bestimmt.

Mit 20 Jahren arbeitet sie in einer Schneiderwerkstatt. Dank der Unterstützung eines wohlhabenden Gönners kann sie eine eigene Modeboutique eröffnen, in der sie zunächst Hüte entwirft. Coco Chanel eilt von einem Erfolg zum nächsten. In den aufregenden *Goldenen Zwanzigern* (d. h. in den 1920er Jahren) blüht sie auf. Coco Chanel befreit die Damenmode von den einengenden Korsetten, in die sich die Frauen damals oft zwängten, dennoch mangelt es ihren Kleidern nie an Eleganz. Coco zögerte übrigens nicht, ihre eigenen Entwürfe selbst zu tragen. Sie ist die erste Modeschöpferin, die ihr eigenes Parfüm herausbringt: Ihr *Chanel N°5* ist ein Klassiker und wird bis heute weltweit verkauft. Dann verhilft sie einem Kleidungsstück zum Durchbruch, das bislang nur auf Beerdigungen anzutreffen war: das kleine Schwarze, ein schlichtes, schwarzes, für damalige Verhältnisse unverschämt kurzes Cocktailkleid. Damals zählt Coco Chanel zu den ersten selbstbewussten Frauen, die sich trauen, einen modernen Kurzhaarschnitt zu tragen. Nach einer glänzenden Karriere als Modedesignerin stirbt Coco Chanel 1971.

Burger-Party

Nur weil man grundsätzlich auf eine ausgewogene Ernährung achtet, bedeutet das nicht, dass man sich nicht ab und zu ein kleines Vergnügen gönnen darf ... in Maßen natürlich!

CHEESEBURGER „PURES GLÜCK"

Dafür brauchst du

(für 4 Hamburger):
* 4 Hamburger-Brötchen (*Burger Buns*)
* Ketchup
* 4 Salatblätter
* 1 Tomate, in Scheiben geschnitten
* 4 Scheiben Cheddar-Käse
* 4 Burger-Bratlinge (*Patties*)

❶ Schneide die Brötchen auf und bestreiche beide Hälften mit Ketchup.

❷ Belege je die untere Hälfte der Brötchen mit je einem Salatblatt, einer Tomatenscheibe und einer Scheibe Käse.

❸ Brate die *Patties* einige Minuten lang in der Pfanne an und lege sie auf den Käse.

❹ Lege die obere Hälfte der Brötchen obenauf und stelle die Hamburger 20 Sekunden in die Mikrowelle (oder ein paar Minuten in den heißen Ofen), damit der Käse schmilzt.

FALSCHER BURGER „SÜSSE FREUDE"

Dafür brauchst du

(für 4 Hamburger):
* Burger Buns oder süße Hefebrötchen
* 4 Portionen Fruchtquark (deine Lieblingssorte)
* 2 Kiwis, geschält
* 8 Erdbeeren
* Schokodrops

❶ Schneide die Brötchen auf und bestreiche beide Hälften mit dem Fruchtquark.

❷ Schneide die Kiwis und die Erdbeeren in Scheiben.

❸ Lege die Obstscheiben so auf den Quark, dass man meinen könnte, es handele sich um Salatblätter und Tomaten.

❹ Streue Schokodrops über die Früchte – das ist sozusagen dein Burger-*Patty*.

Dafür brauchst du

(für 4 Personen):
- 4 Hähnchenbrustfilets
- Paniermehl oder geriebenes trockenes Brot
- 1 Ei
- Öl zum Braten, z. B. Sonnenblumenöl
- Salz und Pfeffer

KNUSPRIGE NUGGETS

1 Zunächst schneidest du die Filets in Sticks, also längliche, schmale Streifen. Je dünner die Streifen sind, desto schneller werden sie in der Pfanne gar.

2 Reibe das trockene Brot (das können ruhig verschiedene Brotreste sein) zu feinem Mehl. Du kannst natürlich auch fertiges Paniermehl verwenden. Gib das Paniermehl in eine Schüssel, streue etwas Salz und Pfeffer darüber und vermische es.

3 Nimm eine zweite Schüssel, schlage das Ei auf, lass es in die Schüssel gleiten und verquirle Eiweiß und Eigelb mit einer Gabel.

4 Tauche jedes Stück Fleisch erst in das Ei und wälze es dann im Paniermehl.

5 Gib das Bratöl in eine Pfanne, lass es schön heiß werden und brate die panierten Streifen von allen Seiten an, bis sie goldgelb und knusprig sind.

LUSTIGE STREICHE

Du wärst lieber Königin der Scherze als Königin der Herzen? Kein Problem! Du musst nicht bis zum 1. April warten, um Familie und Freunde ein bisschen auf den Arm zu nehmen!

DER PRÄPARIERTE GELDSCHEIN

Befestige ein mehrere Meter langes Stück Angelschnur (oder einen dünnen, so gut wie unsichtbaren, stabilen Faden) mit einem Klebepad an einem 5 €-Schein. Lege den Schein auf den Boden und verstecke dich in einiger Entfernung hinter einer Mauer, einem Baum oder einem breiten Pfeiler, das andere Ende der Schnur in der Hand. Sobald jemand den Schein entdeckt und ihn aufheben will, ziehst du an der Schnur!

DER VERHEXTE RADIERGUMMI

Stibitze heimlich den Radiergummi einer Freundin und präpariere ihn mit abgebrochenen Bleistiftspitzen, die sich in deinem Spitzer angesammelt haben. Drücke die Minenstücke so tief in den Radiergummi, dass sie kaum zu sehen sind. Wenn deine Freundin das nächste Mal etwas ausradieren will, wird sie sich wundern, dass ihr Radierer plötzlich neue Striche aufs Papier macht …

EINE SCHLIMME KRANKHEIT

Iss unbemerkt eine Portion Blaubeeren, verziehe dann das Gesicht und sage zu deinen Freundinnen, dir ginge es plötzlich nicht so gut. Zum Beweis streckst du die blaue Zunge heraus …

STIFT MIT STINKEFAHNE

Hast du eine Freundin, die immer auf ihren Stiften herumkaut? Du kannst sie kurieren! Nimm eine geschälte Knoblauchzehe und reibe das Ende eines Stiftes, wie sie ihn häufig benutzt, kräftig damit ein. Schmuggle den präparierten Stift in ihr Mäppchen ... Die Chancen stehen gut, dass sie diese schlechte Angewohnheit schnell überwunden hat!

WÜRMER IM SALAT

Besorg dir etwas Marzipanmasse und rolle daraus ein paar kleine, weiße Würmer. Mische die „Maden" unauffällig in den Salat, den es zum Abendessen geben soll. Das wird ein Spaß, wenn jemand plötzlich einen Wurm auf der Gabel hat!

MEIN HUND, DER HELD

Egal, ob du einen Hund hast oder nicht – erzähle deinen Freundinnen, dass ein Tier einen dicken Haufen auf ihr Bett gemacht hat! Dazu nimmst du braune Modelliermasse und formst daraus einen Hundehaufen. Gib dir ordentlich Mühe, er soll wirklich richtig echt aussehen! Lege in einem unbeobachteten Moment den Haufen vorsichtig auf das Bett deiner Freundin oder auf ihren Schreibtisch und warte ab, wie sie reagiert, wenn sie ihn entdeckt. Igitt!!

*Das Geheimnis natürlicher Schönheit

Du musst nicht in Eselsmilch baden wie Kleopatra, um deinem Körper etwas Gutes zu tun!

Ganz wichtig: Reinlichkeit!

Nicht zu viel und nicht zu wenig! Zu häufiges Duschen oder Baden kann die Haut reizen und angreifen, aber einmal am Tag zu duschen, ist völlig in Ordnung. Nimm möglichst nur Duschgel ohne Mikroplastik und achte auf die Hautverträglichkeit. Manchmal reicht auch einfach ein herrlich duftendes Stück Seife. Und auch wenn es nicht sehr ökologisch ist: Hin und wieder ein Schaumbad, nicht zu heiß und nicht zu voll, ist einfach unglaublich entspannend!

Pfirsichhaut

Dein Gesicht ist äußeren Einflüssen am stärksten ausgesetzt, daher ist es wichtig, die Haut mit Nährstoffen und Feuchtigkeit zu versorgen. Es gibt passende Cremes für trockene, fettige oder Mischhaut. Im Zweifel weiß eine Hautärztin oder Apothekerin Rat.

Dezenter Duft

Du musst nicht gleich die ganze Flasche versprühen, um dich wohlzufühlen! Bei einem Parfüm gilt in der Regel: Weniger ist mehr! Ein paar gut platzierte Tropfen hinter den Ohren oder am Hals genügen. Wähle einen leichten, blumigen Duft, um nicht die ganze Klasse einzunebeln. Auf Seite 28 findest du eine Anleitung, wie du dein eigenes Parfüm herstellen kannst.

Nagellack

Dir fehlt die Zeit, den Nagellack so sorgfältig aufzutragen, dass nichts danebengeht? Dann verschönere deine Fingernägel doch einfach mit kleinen Tupfen Nagellack, vielleicht sogar in verschiedenen Farben. Das ist ein echter Hingucker!

Kalte Dusche

Dich in eine Badewanne mit kochend heißem Wasser zu legen, ist nicht gerade das Beste, was du für deinen Körper tun kannst. Zu heißes Wasser laugt die Haut aus. Wenn du dich nach der warmen Dusche kurz kalt abbraust, wirst du merken, wie gut das tut: Es belebt und strafft! Probiere es aus!

Gluck, gluck!

Nicht nur Cremes sorgen für zarte Haut und einen schönen Teint. Mindestens ebenso wichtig ist es, immer genug zu trinken, damit die Haut auch von innen ausreichend mit Feuchtigkeit versorgt wird.

So wirst du eine Super-Agentin!

Wie wäre es, mit deinen Freundinnen einen Spionage-Club zu gründen? Dann könnt ihr spannende Untersuchungen über die Menschen in eurer Umgebung anstellen und immer und überall geheime Botschaften austauschen!

WIE GRÜNDE ICH EINEN CLUB?

Wähle die richtigen Personen aus. Lade nette, sympathische, witzige Freundinnen ein, bei deinem Club mitzumachen. Mädchen, mit denen du viel gemeinsam hast!

Denkt euch einen Namen für euren Club aus. Jede macht so viele Vorschläge, wie ihr in den Sinn kommen; am Ende werdet ihr euch sicher rasch einig werden. Wenn ihr erst einmal angefangen habt, werden die Ideen nur so sprudeln! Spy Power, Mission Spion, Geheimsache Clara, James Blond usw.

Sucht euch auch ein Motto aus, irgendeinen witzigen Reim oder Spruch. „Einmal Spionin, immer Spionin", „Lieber Spitzel als Schnitzel", „Gut geschnüffelt ist halb gewonnen" usw.

Stellt eure Talente als Spioninnen mit witzigen Spielen auf die Probe. Eine Spionin wird ausgewählt, die übrigen sitzen ihr gegenüber. Zehn Sekunden lang schaut sich die Spionin die anderen ganz genau an und versucht, sich so viele Details wie möglich einzuprägen. Dann dreht sie sich um (oder schließt die Augen). Die anderen Spielerinnen haben jetzt zwei Minuten Zeit, eine Kleinigkeit an ihrem Aussehen zu verändern. Wenn die Spionin sich ihnen wieder zuwendet, muss sie herausfinden, was verändert wurde. Auf diese Weise trainiert ihr eure Beobachtungsgabe!

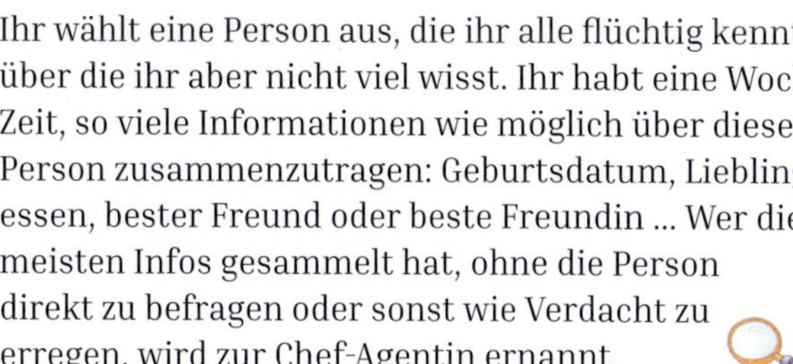

Ihr wählt eine Person aus, die ihr alle flüchtig kennt, über die ihr aber nicht viel wisst. Ihr habt eine Woche Zeit, so viele Informationen wie möglich über diese Person zusammenzutragen: Geburtsdatum, Lieblingsessen, bester Freund oder beste Freundin … Wer die meisten Infos gesammelt hat, ohne die Person direkt zu befragen oder sonst wie Verdacht zu erregen, wird zur Chef-Agentin ernannt.

PAUSENSPIEL

Der ganze Club versammelt sich und muss eine geheime Person erraten. Die Chef-Agentin sucht sich in Gedanken jemanden aus, der sich in Sichtweite befindet, und die anderen müssen ihr Fragen stellen, um herauszufinden, wer der „geheime Verdächtige" ist. Die Chef-Agentin darf aber nicht sprechen, sondern sich nur murmelnd, mit Zeichensprache oder pantomimisch ausdrücken.

Bastele dir mithilfe der Anleitung auf Seite 123 ein Geheimcode-Glücksrad und benutze es, um deine geheimen Nachrichten zu verfassen!

Du musst einfach nur einen zusätzlichen Buchstaben zwischen die Buchstaben deiner Nachricht einbauen.

Zum Beispiel den Buchstaben „M":

MLmemo mmimst jmam msmom smmümßm!

Lösung: Leo ist ja so süß!

Ersetze jeden Buchstaben deiner Nachricht durch den im Alphabet folgenden Buchstaben. Um die Nachricht zu dechiffrieren, muss deine Freundin den Vorgang nur umkehren.

Zum Beispiel:

HVUFO UBH, MFB.

Lösung: Guten Tag, Lea.

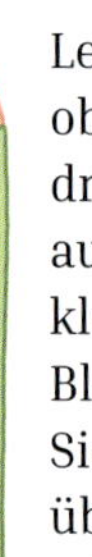

Lege zwei Blätter Papier übereinander. Auf das obere Blatt schreibst du deine Nachricht, dabei drückst du mit einem harten Bleistift sehr fest auf das Papier. Das obere Blatt zerreißt du in kleine Stücke und wirfst es weg. Das zweite Blatt lässt du deiner Freundin zukommen. Sie muss jetzt nur mit einem Bleistift leicht über das Blatt schraffieren, und schon wird deine Nachricht an sie wie durch Zauberhand sichtbar.

CODE ZEICHENSPRACHE

Wenn ihr euch absprechen müsst, ohne ein Wort zu sagen, vereinbart ihr vorab einen Code mit Handzeichen.

Zum Beispiel:

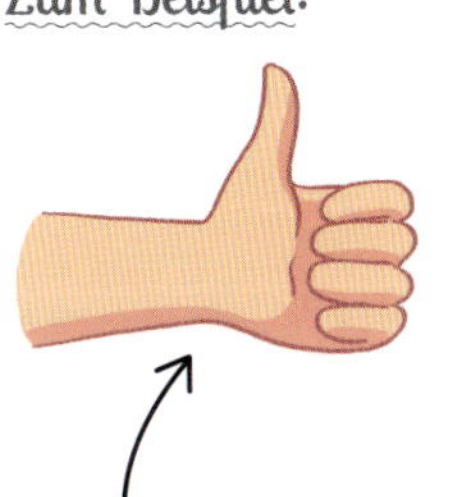
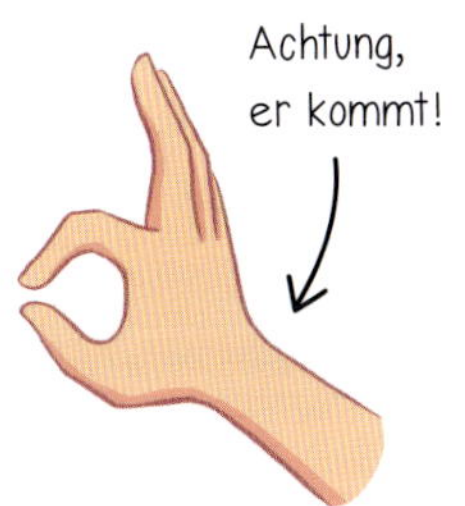

Kommt nicht infrage!
(um den Feind zu täuschen!)

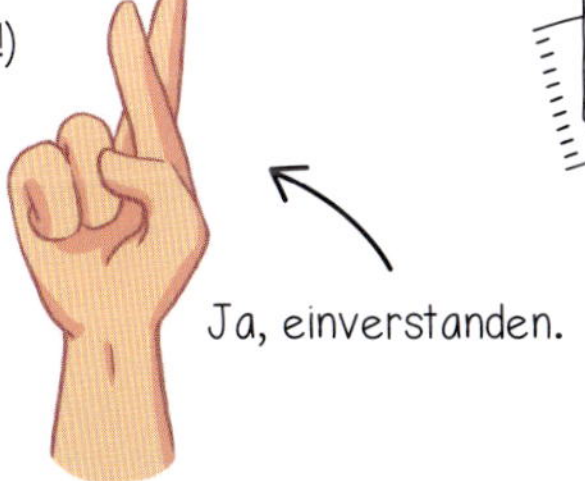

Ja, einverstanden.

ZAHLEN-CODE

Du kannst einzelne Buchstaben durch die Zahl ersetzen, die der Position des Buchstabens im Alphabet entspricht. Für jemanden, der nicht eingeweiht ist, ist die Nachricht damit unlesbar.

Zum Beispiel:

14A3H 4E18 19E3HTE14 22O18 4EM A 12T2A21.

Lösung: Nach der Sechsten vor dem Altbau.

UNSICHTBARE BOTSCHAFT

Eine Nachricht mit unsichtbarer Tinte zu schreiben, ist gar nicht schwer. Alles, was du brauchst, ist ein Wattestäbchen (als Stift), etwas Zitronensaft (als Tinte) und natürlich ein Blatt Papier. Damit deine Freundin deine Botschaft entziffern kann, muss sie das Blatt nur in die Nähe einer Wärmequelle halten: Kerze (dabei musst du natürlich aufpassen, dass das Papier kein Feuer fängt!), Heizkörper, Fön …
Und plötzlich erscheint die Schrift! Zauberei!

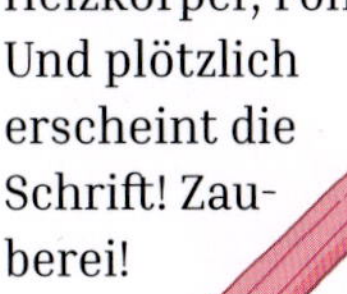

ACH, DIE LIEBE!

Wenn es ewige Liebe gäbe und nur ein einziges, eindeutiges Rezept, um den Menschen zu finden, der perfekt zu einem passt, wäre alles so viel einfacher!

WIE SAGE ICH'S IHM ODER IHR?

Den oder die Angebetete mit einer flammenden Liebeserklärung oder einem endlosen Wortschwall zu überrumpeln, hat meist wenig Aussicht auf Erfolg. Mehrere kleine Botschaften sind oft wirkungsvoller als eine lange Rede. Wenn du dich nicht wie eine Draufgängerin fühlst, kannst du auch eine treue Freundin bitten, unauffällig vorzufühlen und das Terrain zu sondieren. Danach wird es dir leichter fallen, in Aktion zu treten!

JEDER TUT, WAS IHM GEFÄLLT

Die wichtigste Regel: Bleibe dir selbst treu! Es gibt nichts Schlimmeres, als jemand, der immer mit allem einverstanden ist! Dein Schwarm spielt vielleicht gern stundenlang Computerspiele mit seinen Freundinnen oder Freunden, während du lieber draußen in der Natur bist und auf Bäume kletterst. Jeder hat seine Vorlieben und braucht seinen Freiraum!

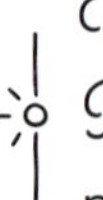

Sieh mich an!

Ganz ähnlich verhält es sich mit dem Aussehen. Nur weil der Typ oder die Typin, in den oder die du verknallt bist, immer im Surfer-Look rumläuft, heißt das nicht, dass er oder sie nur Surfer-Girls und -Boys mag! Bleib, wie du bist, und verstelle dich nicht!

UND WENN ER ODER SIE DICH NICHT (MEHR) LIEBT?

Schrecklich, diese Leute, die versuchen, dich mit Sprüchen wie „Ich hab's dir doch gleich gesagt!", „Hat sowieso nicht zu dir gepasst!", „Ich fand ihn [sie] von Anfang an komisch." oder „Einer zerronnen, zehn gewonnen." zu trösten. Vielleicht warst du richtig verliebt und bist nun am Boden zerstört. Dein Schwarm hat deine Gefühle nicht erwidert und du kriegst ihn oder sie nicht aus dem Kopf. Höchste Zeit, dich auf andere Gedanken bringen zu lassen! Sitz nicht trübselig und tatenlos in deinem Zimmer herum! Fang an zu basteln, zu malen, zu schreiben oder zu lesen, gehe ins Kino. Tue Dinge, die dir Spaß machen, und rufe deine Freundinnen an – sie werden für dich da sein. Schwer vorstellbar, aber irgendwann wirst du darüber lachen!

10 Tiere, die (fast) alle Mädchen lieben

Klischee hin oder her – das sind die zehn beliebtesten Tiere:

1 Pferde

Sie sind groß, stark, elegant und wunderschön! Und Reiten macht einfach super viel Spaß!

2 Delfine

Sie sind unglaublich intelligent. Wir alle träumen davon, einmal mit Delfinen zu schwimmen!

3 Hunde

Sie sind die besten Freunde des Menschen und unsere treuesten Gefährten.

4 Katzen

Sie sind rätselhaft, verschmust, kuschelig und eigensinnig. Es gibt nichts Schöneres, als wenn ein Kätzchen sich an dich schmiegt!

5 Kaninchen

Sie sind furchtbar süß und kuschelig. Und dieses Näschen!

6 Löwen

Sie sind wilde, faszinierende Geschöpfe. Nicht umsonst wird der Löwe als König der Tiere bezeichnet!

7 Hamster

Man kann ihnen stundenlang zusehen, wie sie in ihrem Laufrad rennen, als wären sie in einem Vergnügungspark!

8 Pandas

Sie sind vom Aussterben bedroht! Und sie sehen aus wie kuschelige, dicke Teddybären.

9 Flamingos

Sie stehen für Anmut und Eleganz. Und sie sind rosa. Nicht an jeder Ecke findet man rosafarbene Tiere!

10 Frettchen

Sie sind klein und wendig und süß und man kann sie ganz leicht dressieren.

Wohltuende Massage

Du musst keinen Termin bei einem Masseur vereinbaren, um dir etwas Gutes zu tun! Massiere dich selbst!

Die Füße

Nach einem anstrengenden Tag oder einer besonders fordernden Sportstunde hilft es, mit den nackten Fußsohlen mit etwas Druck über einen festen Tennisball zu rollen. Das entspannt!

Gegen Kopfschmerzen

Drücke den Zeige- und Mittelfinger jeder Hand fest aneinander, als wären die beiden Finger zusammengeklebt. Nun massierst du mit den Fingerkuppen die Schläfen und den Nacken, indem du mit leichtem Druck kleine, kreisförmige Bewegungen machst.

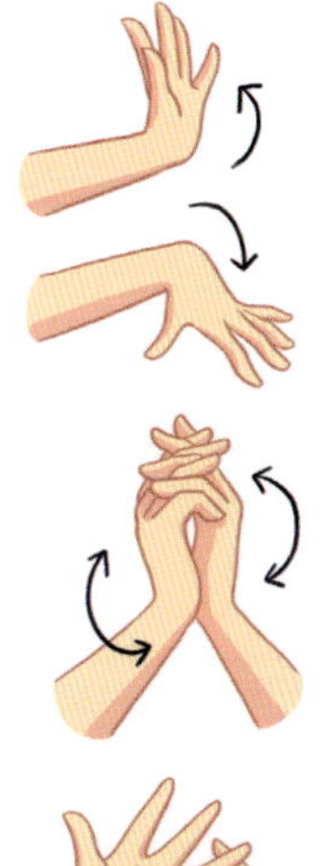

Die Hände

Wir vergessen sie oft, dabei tut eine Handmassage unglaublich gut! Klappe deine Handflächen bei ausgestreckten Armen abwechselnd nach oben und nach unten, erst die eine, dann die andere Hand. Dann verschränkst du die Finger und machst kreisförmige Bewegungen aus den Handgelenken heraus. Zum Abschluss massierst du jeden Finger einzeln, von der Fingerwurzel bis zur Fingerspitze.

Die Schultern

Lass die Arme locker hängen und kreise mit den Schultern zuerst von vorne nach hinten, danach von hinten nach vorne!

Schon gewusst?

Wenn du dich nach vorne beugst, schränkst du damit die Atmung ein, dein Lungenvolumen vermindert sich um 30 % und es kommt zu Verspannungen. Daher: Kopf hoch! Halte dich beim Stehen, Sitzen und Gehen aufrecht, mit geradem Rücken!

DIY — BUNTE BOMMELN BASTELN

Pompons sind einfach süß! Und es ist ganz leicht, sie selbst zu machen!

1

Zeichne zwei Kreise auf die Pappe, sodass der kleinere Kreis innerhalb des größeren liegt und den gleichen Mittelpunkt hat — ungefähr so, als würdest du eine Scheibe Ananas zeichnen wollen. Das machst du zweimal.

2

Schneide die größeren Kreise entlang der äußeren Linie aus und schneide den inneren Kreis heraus — jetzt sieht es wirklich aus wie eine Scheibe Ananas. Lege die beiden Ringe übereinander.

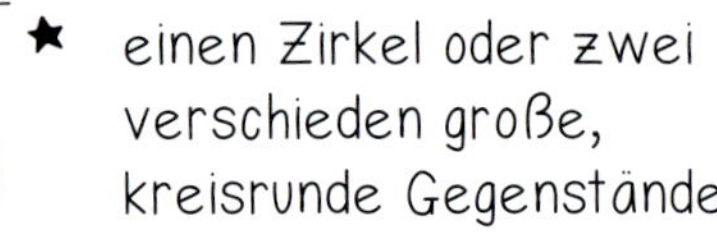

DAFÜR BRAUCHST DU:

- ★ einen Zirkel oder zwei verschieden große, kreisrunde Gegenstände
- ★ stabile Pappe
- ★ einen Stift
- ★ eine Schere
- ★ Wolle
- ★ eventuell eine Stopfnadel

3

Knote den Faden an den beiden übereinanderliegenden Ringen fest.

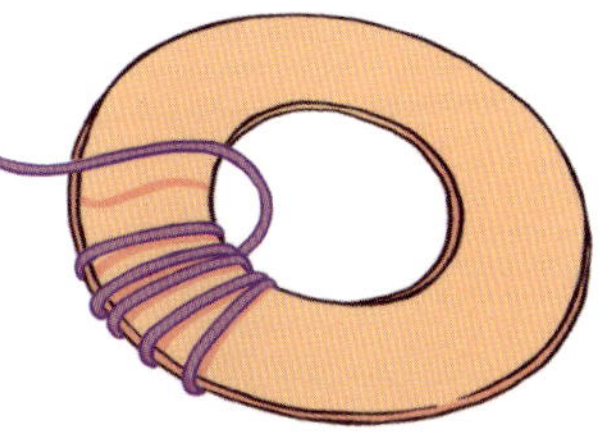

4 Wickele den Wollfaden um die Ringe, bis die Fäden so dicht an- und übereinanderliegen, dass du selbst mit der Stopfnadel nicht mehr durch die Öffnung kommst.

5 Stecke die Spitze der Schere durch die Wollfäden hindurch zwischen die beiden Pappringe und schneide die Fäden rundum entlang der äußeren Ringkante auf.

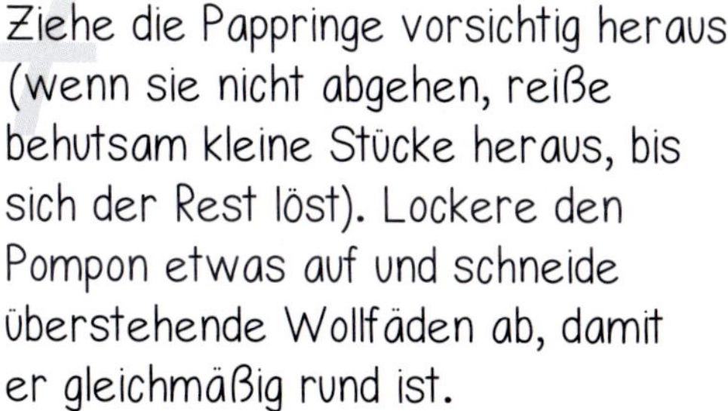

6 Stecke einen Faden zwischen die beiden Pappringe (die du gerade auseinandergeschnitten hast) und wickele ihn straff mehrmals um die inneren Fäden herum, dann machst du einen sehr festen Knoten.

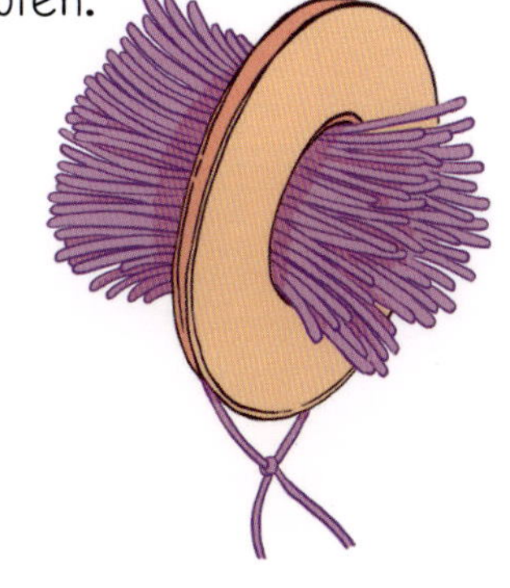

7 Ziehe die Pappringe vorsichtig heraus (wenn sie nicht abgehen, reiße behutsam kleine Stücke heraus, bis sich der Rest löst). Lockere den Pompon etwas auf und schneide überstehende Wollfäden ab, damit er gleichmäßig rund ist.

TIPP

Wenn du Wolle in verschiedenen Farben benutzt, wird dein Pompon schön bunt und absolut unverwechselbar!

Mit kleinen Bommeln kannst du alles Mögliche verschönern: eine Tasche, deine Ballerinas, einen Gürtel, Vorhänge, ein Kissen ... Oder du kannst niedliche kleine Tierchen aus ihnen basteln, indem du Kulleraugen aufklebst.

MISSION KÜCHE

Hast du Lust, eine echte Meisterköchin zu werden?
Wir haben hier ein paar Tipps, die dir helfen,
den Spaß am Kochen zu entdecken!

Frische & Vielfalt

Versuche, so oft wie möglich frische, naturbelassene
Zutaten zum Kochen zu verwenden, die du vielleicht
beim Einkaufen mit deinen Eltern auf dem Markt
selbst ausgesucht hast. Der Einkauf ist die erste
Etappe, und die bunte Vielfalt an den Obst- und
Gemüseständen ist bereits ein Genuss – ein echter
Augenschmaus!

Vorbereitung

Zu den Grundlagen des Kochens gehört das richtige Putzen
und Zerkleinern. „Putzen" bedeutet, dass alle nicht essba-
ren Teile sowie Schadstellen entfernt werden. Dann wird das
Gemüse gewaschen und in Würfel, Streifen oder Scheiben
geschnitten, am besten auf einem Holzbrett und mit
einem scharfen Messer. Pass gut auf deine Finger
auf, aber Übung macht die Meisterin!

Würzen

Kaum zu glauben, wie ein bisschen
Gewürz ein Gericht verändern
kann! Salzig, süß, sauer, scharf:
Lerne, verschiedene Geschmacks-
richtungen zu schmecken und
probiere aus, wie sie deine Gerichte verändern. Curry, Zimt, Korian-
der, Petersilie, Schnittlauch …
Mit den richtigen Gewürzen
kommt der Geschmack vieler
Lebensmittel erst richtig zur
Geltung.

Igitt!

Wusstest du, dass man ein Lebensmittel, das man nicht mag, etwa 10- bis 15-mal kosten muss, bis es einem schmeckt? Das ist doch einen Versuch wert!

Super lecker und gar nicht schwer

Nun verfügst du über die Grundlagen, um selbst Rezepte zu entwerfen wie eine Sterneköchin! Lass deiner Kreativität freien Lauf!

- Kartoffelpüree mit Schinken
- Ofen-Makkaroni mit Käse
- Toast Hawaii
- Mousse au chocolat
- Cookies
- Muffins
- Tassenkuchen

Julia Sedefdjian

Die Sterneköchin, die mit kleinen Gerichten ganz groß rauskommt!

Wenn von Küchenchefs die Rede ist, denken die meisten an einen Mann mit weißer Kochmütze auf dem Kopf. Aber es gibt auch herausragende Frauen in der Profi-Küche! Julia Sedefdjian ist eine von ihnen. 2016 hat sie sich, mit nur 21 Jahren, einen Michelin-Stern erkocht und ist nun die jüngste Sterneköchin Frankreichs. Julia, die ursprünglich aus Nizza an der französischen Mittelmeerküste stammt, kreiert mediterrane Gerichte aus der Bistroküche, bei deren Erwähnung einem das Wasser im Mund zusammenläuft: Fischsuppe, Garnelen auf Fenchelmousse mit Kokossoße, Tintenfischsalat … Von den Desserts ganz zu schweigen! 2018 eröffnete sie ihr eigenes Restaurant in Paris: *Baieta*, das bedeutet „Küsschen" in dem in Nizza gesprochenen Dialekt.

Aktion Familie: Mach mal Handy-Pause!

Auch wenn sie dir manchmal zu sehr auf die Pelle rücken und vielleicht zu viele neugierige Fragen stellen – deine Eltern, Großeltern und Geschwister sind immer für dich da, also nimm dir Zeit für sie!

Internetfreies Wochenende

Lege dein Smartphone einfach mal zwei Tage lang in eine Schublade und lass dich auf deine Familie ein. Nimm dir Zeit für die guten alten Gesellschaftsspiele und für Lachanfälle mit deinem Bruder oder deiner Schwester. Statt immer gleich bei Wikipedia nachzuschauen, wenn du etwas nicht weißt, schlage im Lexikon nach oder nutze die Wissensquelle, die dir immer zur Verfügung steht: deine Eltern und Großeltern! Frage die Erwachsenen, wie es vor dem Handy-Zeitalter war, wie und wo sie sich früher mit ihren Freunden verabredet haben und wie sie es geschafft haben (oder auch nicht), nicht ständig zu spät zu kommen … Ihr werdet viel zu lachen haben, du wirst sehen!

Zeig her deine Spiele!

Computerspiele gehören für dich ganz selbstverständlich dazu. Aber statt dich in deinem Zimmer zu verkriechen und allein auf Monsterjagd zu gehen, könntest du einen Familien-Spiele-Nachmittag organisieren und deine Eltern und Geschwister einladen, dieses Universum mit dir zusammen zu entdecken. So gibst du ihnen die Möglichkeit zu verstehen, was dich daran so fasziniert.

Schon gewusst?

Fast die Hälfte aller Gamer sind eigentlich … Gamerinnen!

Dass du dich bei bestimmten sozialen Netzwerken erst anmelden darfst, wenn du über 13 Jahre alt bist, hat gute Gründe! Die Regeln der realen Welt gelten auch für die virtuelle Welt. Pass deswegen gut auf, was du sagst bzw. schreibst, auf welchen Seiten du dich bewegst und was du dir anschaust! Wenn ein Chat unangenehm wird, wenn jemand dir allzu persönliche Fragen stellt oder sogar nach deiner Adresse fragt … STOPP! Erzähle deinen Eltern davon.

Alles zu seiner Zeit

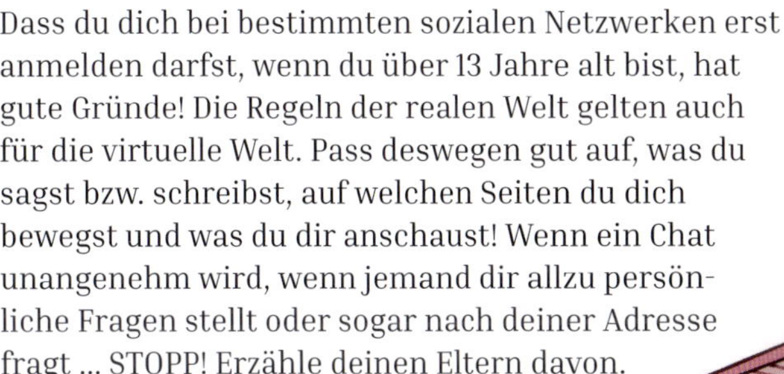

Um Ärger aus dem Weg zu gehen, vereinbarst du mit deinen Eltern am besten im Voraus (zum Beispiel zu Beginn des Jahres) die Regeln zur täglichen Smartphone-Nutzung. Notiere dir auf einem Blatt Papier, an welchen Tagen, zu welchen Uhrzeiten und wieviel Zeit pro Woche du insgesamt im Internet sein darfst.

✳ Operation Aufräumen! ✦

Wie schaffst du Ordnung in deinem Kleiderschrank?

Lustiger Kleidertausch

Klamotten aussortieren ist eine gute Sache, aber zusammen mit deinen Freundinnen wird ein lustiges Spiel daraus! Legt alle Kleidungsstücke, die ihr nicht mehr anziehen wollt, in der Mitte des Zimmers auf den Boden. Zieht euch bis auf die Unterwäsche aus und verbindet euch die Augen. Auf die Plätze, fertig los! Zieht euch die Sachen über! Wer zuerst ein komplettes Outfit zusammengestellt hat, hat gewonnen!

Recycle deine alten Kleider

Ein altes T-Shirt ist der perfekte Malkittel für die Kunst-AG in der Schule. Aus einem geblümten Kleid, aus dem du herausgewachsen bist, kannst du vielleicht einen hübschen Schal schneidern, und wenn dir deine Jeans zu kurz geworden ist, schneide die Hosenbeine ab und verwandele sie in schicke Shorts.

Weitergeben und Gutes tun

Ausgediente, aber gut erhaltene Kleidungsstücke haben im Hausmüll nichts zu suchen! Wenn sich in deinem Familien- und Freundeskreis niemand dafür interessiert, spende die Kleider an einen wohltätigen Verein in deiner Nähe.

Modefreak

Kleidungsstücke stilsicher miteinander zu kombinieren, ist eine Kunst für sich! Aber wenn du deinen Kleiderschrank erst einmal ausgemistet hast, wird es dir leichter fallen, passende Kombinationen zu finden. Ein schlichtes blaues Oberteil mit dem Aufdruck *Super Star* kannst du sowohl zu einem Rock tragen als auch zu Jeans, roten Shorts oder bunten Leggings. Damit hätten wir schon vier Kombis auf einen Streich! Du kannst deine besten Kombi-Ideen in einem Büchlein vermerken. Wenn du dann morgens vor dem Kleiderschrank stehst und gar nicht weißt, was du anziehen sollst, wirst du froh sein, dass du einen Blick in dein Büchlein werfen und dich anregen lassen kannst.

Entrümpeln

Ertappst du dich auch manchmal dabei, vor deinem (übervollen) Kleiderschrank zu stehen und zu jammern, dass du ja überhaupt nichts anzuziehen hast? Das Problem lässt sich lösen! Der Grundgedanke ist, nur Stücke zu behalten, die du auch wirklich regelmäßig und gerne trägst. Alles, was dir eigentlich zu klein, zu unbequem ist, kommt weg, ebenso dieses eine Kleid für die besondere Gelegenheit – die wahrscheinlich nie kommen wird! Sich von solchen Dingen zu trennen, befreit und tut gut.

WOHIN MIT DER WUT?

Irgendjemand oder -etwas raubt dir den letzten Nerv, bringt dich auf die Palme, treibt dich in den Wahnsinn? Du spürst die Wut in dir aufsteigen, willst schreien, brüllen, um dich schlagen, dich irgendwie abreagieren? Entspann dich! Hier ein paar Ideen, die dir helfen, nicht gleich auszuflippen.

Idee 1
ZIEH DICH ZURÜCK

Um dich nicht wie eine Furie aufzuführen und Dinge zu sagen, die dir später leidtun, kann es hilfreich sein, dich räumlich von der Person zu entfernen, die dich so aufgeregt hat. So kriegst du wieder einen klaren Kopf.

Idee 2
ATME BEWUSST

Einatmen. Ausatmen. Entspann dich. Bewusstes Atmen versorgt deinen Körper mit Sauerstoff und hilft, den Blutdruck wieder auf ein normales Niveau zu senken. Danach wird es dir leichter fallen, die richtigen Worte zu finden.

Idee 3
DENKE NACH

Wenn du dich genauso aufregst wie dein Gegenüber, ist die Gefahr groß, dass es euch nicht gelingen wird, einander zu verstehen oder gar zu einer Einigung zu gelangen. Hier hilft es, wenn du dir die Frage stellst: „Ist das denn überhaupt so schlimm? Lohnt es sich, deswegen derart aus der Haut zu fahren?"

Idee 4
WAS ÄRGERT DICH?

Wenn du herausfindest, was genau dich eigentlich so wütend macht, lernst du dich selbst besser kennen. Das hilft dir, deine Reaktionen besser zu verstehen und sie das nächste Mal vorherzusehen. Wenn du es zum Beispiel nicht ausstehen kannst, bei den Hausaufgaben gestört zu werden, weise deine Familie darauf hin und sage, dass in dieser Zeit unter keinen Umständen jemand in dein Zimmer platzen soll.

FINDE DEN RICHTIGEN TON

Wie heißt es so schön: „Der Ton macht die Musik!"
Übe vor dem Spiegel, den Satz „Du bist dumm!" auf
verschiedene Weise zu sagen: lachend, im Spaß,
ironisch, gehässig, zornig, fassungslos. Beobachte,
wie sich dein Gesicht verändert, je nachdem,
welche Intention du verfolgst!

SPRECHT EUCH AUS

Sobald sich alle Beteiligten wieder etwas beruhigt haben, wäre
es gut, eine kleine Erklärung zu liefern. Die Dinge offen auf den
Tisch zu legen und darüber zu sprechen, hilft dir, das nächste
Mal deine Emotionen besser im Griff zu haben. Und manchmal
handelt es sich einfach nur um
ein Missverständnis!

MISSION ZUKUNFT

Ein Ziel im Leben haben, Zukunftspläne schmieden, den Kopf voller Träume ... Hier einige Berufsvorschläge, je nachdem, welche Fächer dich am meisten interessieren.

Sprachen:
Übersetzerin, Dolmetscherin, Reiseleiterin, Sprachwissenschaftlerin usw.

Deutsch: Journalistin, Schriftstellerin, Anwältin, Medienwissenschaftlerin usw.

Technik und Wirtschaftslehre: Umwelttechnikerin, Handwerkerin, Bauleiterin, Landwirtin usw.

Geschichte und Geografie: Paläontologin, Kartografin, Konservatorin in einem Museum, Vulkanologin usw.

Mathematik: Steuerberaterin, Ingenieurin, Börsenmaklerin, Ärztin, Biologin usw.

Marie Curie

Nicht nur Männer sind naturwissenschaftlich begabt!

Marie Curie wird 1867 in Warschau (Polen) geboren. Sie ist die einzige Frau, die zweimal einen Nobelpreis gewinnt! Erst erhält sie 1903 zusammen mit ihrem Mann, Pierre Curie, den Nobelpreis für Physik für ihre Arbeiten über die Strahlungsphänomene (Radioaktivität). Acht Jahre später wird ihr für die Entdeckung der radioaktiven Elemente Polonium und Radium der Nobelpreis für Chemie verliehen. Vielleicht bekommst du später auch einmal einen Nobelpreis, wer weiß?

Aber egal, was passiert – du hast noch jede Menge Zeit! Deine Zukunft liegt vor dir. Wenn du schon genau weißt, was du später einmal machen willst, gehe deinen Weg! Wenn du noch nicht die geringste Ahnung hast, sorge dich nicht, lass es auf dich zukommen, vielleicht wirst du bald klarer sehen ... Im Moment bist du von Beruf Schülerin, und das ist ja schon ein Vollzeit-Job!

DIE TOTAL VERRÜCKTE SCHMUCKMANUFAKTUR

Ein schönes Armband kannst du ganz einfach basteln. Ob du es selbst trägst oder verschenkst – deiner Kreativität sind keine Grenzen gesetzt!!

DAFÜR BRAUCHST DU:

* transparente Schrumpffolie (die findest du in gut sortierten Bastelgeschäften)
* einen Bleistift
* einen schwarzen Filzstift
* Filzstifte oder Buntstifte in verschiedenen Farben
* eine Lochzange
* Backpapier
* ein Band oder eine Kordel

1 Lege die Schrumpffolie mit der rauen Seite nach oben auf die Vorlage, die dir gefällt, und pause sie mit einem Bleistift ab. Zeichne zuerst die Umrisse. Dann fährst du mit dem schwarzen Stift die Linien nach.

2 Gestalte deine Figuren mit den bunten Stiften (die Farben hier in den Abbildungen sind nur Beispiele).

Heize den Backofen etwa 5–10 Minuten lang auf 150 °C vor (Ober- und Unterhitze). Lege die Figuren mit der bemalten Seite nach oben (oder wie vom Hersteller empfohlen) auf das Backpapier und lasse sie ein bis zwei Minuten im Ofen. In der Hitze beginnt die Folie, sich in alle Richtungen zu verbiegen, das ist normal!

Schneide deine Figuren aus und stanze mit der Lochzange an der markierten Stelle ein Loch ○ hinein.

Wenn die Figuren wieder flach auf dem Backblech liegen, sind sie fertig! Ist die Folie wieder glatt, kannst du sie aus dem Ofen holen. Lege das Backpapier mit den noch heißen Figuren vorsichtig auf eine saubere Arbeitsfläche und beschwere die Formen mit einem dicken Buch, bis sie ganz abgekühlt sind.

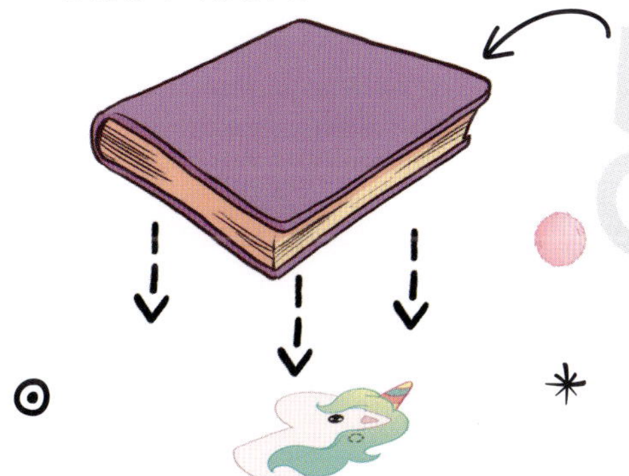

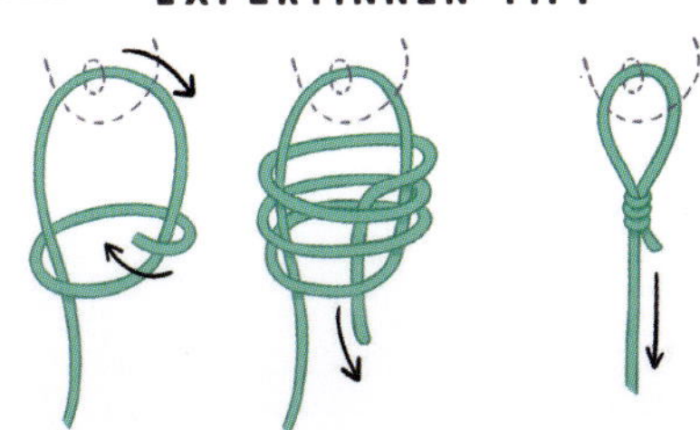

EXPERTINNEN-TIPP

So kannst du dein Armband verknoten (und später auch wieder öffnen): Lege beide Enden des Bandes zu einer Schlaufe, dabei muss das linke Ende das kürzere sein. Führe nun das längere Ende dreimal über das kürzere wie in Bild 2 gezeigt. Nun geht es von oben durch die Mitte durch alle Schlaufen nach unten. Ziehe den Knoten vorsichtig fest. Schneide die überstehenden Enden ab.

Fädele das Band oder die Kordel durch das ausgestanzte Loch deiner Figur – fertig ist das Armband!

Das Menü des Grauens

Herzlich willkommen in der Küche der Abscheulichkeiten! Alles ist essbar, aber es braucht vielleicht etwas Mut oder Überwindung, um sich vom abstoßenden Anblick nicht abschrecken zu lassen!

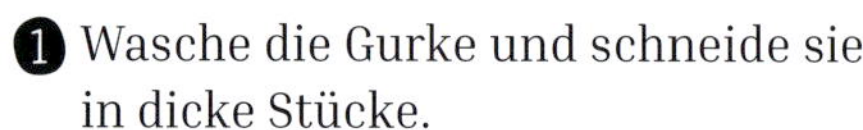

VORSPEISE
EIN KÜBEL VOLLER MADEN

Dafür brauchst du

(für 2 Personen):
- eine Bio-Salatgurke
- 1 Glas Sojasprossen, abgegossen
- etwas Vinaigrette (eine Salatsoße aus Essig, Öl, Salz und Pfeffer)

❶ Wasche die Gurke und schneide sie in dicke Stücke.

❷ Höhle die Stücke zur Hälfte aus und fülle sie mit den Sojasprossen.

❸ Gib etwas Vinaigrette darüber.

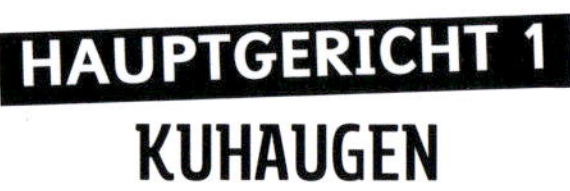

HAUPTGERICHT 1
KUHAUGEN

Dafür brauchst du

(für 1 Person):
- 1 Ei
- etwas Schnittlauch
- etwas Mayonnaise (aus der Tube)
- 1 Olive (ohne Stein), in Ringe geschnitten

❶ Koche das Ei ungefähr zehn Minuten lang in einem Topf mit Wasser. Dann nimmst du das hartgekochte Ei aus dem Topf und lässt es abkühlen.

❷ Schäle das Ei und halbiere es der Länge nach. Lege die beiden Hälften mit der Schnittfläche nach oben nebeneinander auf einen Teller. Lege je eine Olivenscheibe auf das Eigelb – das ist die Pupille.

❸ Aus den Schnittlauch-Röhrchen schneidest du kurze Stücke und drapierst sie über den Augen – das sind die Wimpern.

❹ Drücke ein paar Tropfen Mayonnaise aus der Tube – das sind Tränen.

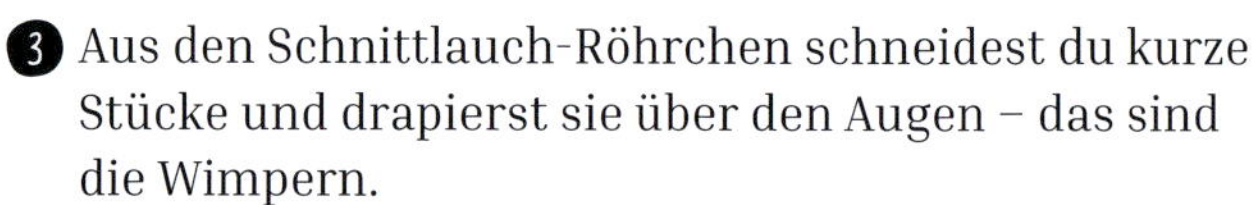

MUMIEN-WÜRSTCHEN

Dafür brauchst du

(für 4 Personen):

- 8 Würstchen
- Blätterteig oder Pizzateig (fertig ausgerollt)
- Mayonnaise
- 1 schwarze Olive

1. Heize den Backofen auf 180 °C vor.

2. Schneide den Blätterteig in sehr schmale Streifen und wickele die Streifen um die Würstchen.

3. Lege die umwickelten Würstchen auf ein mit Backpapier (aus der Blätterteig-Packung) ausgelegtes Backblech und schiebe sie in den Ofen. Nach 15 Minuten holst du sie wieder heraus und lässt sie abkühlen.

4. Gib auf jedes Würstchen zwei Tupfen Mayonnaise – das sind die Augen – und stecke in die Mitte jedes Tupfens ein kleines Stückchen Olive als Pupille.

DESSERT

EIN APFEL VOLLER WÜRMER

Dafür brauchst du

(für 1 Person):

- 1 Apfel
- weiße, längliche Dragees mit Lakritz-Füllung

Zerteile den Apfel in Spalten, entferne das Kerngehäuse und schneide mit dem Messer kleine Kerben ins Fruchtfleisch, in die du die weißen Dragees steckst.

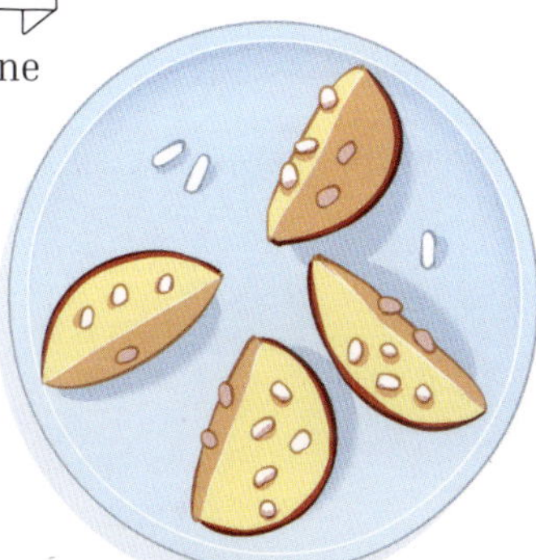

Guten Appetit und fröhliches Gruseln!

sei ein star!

Was gibt es Schöneres, als frei und nach Herzenslust zu tanzen und zu singen? Stelle mit deinen Freundinnen eine eigene Show auf die Beine! Was du dazu brauchst, erfährst du hier.

KÜNSTLERNAME

Bevor ihr loslegt, braucht ihr natürlich einen eingängigen Bühnennamen. Wir haben hier ein paar Wörter aufgelistet, aus denen ihr den perfekten Künstlernamen basteln könnt!

☆ Silver	☆ Star	☆ Best
☆ Fiesta	☆ Magic	☆ Friends
☆ Music	☆ Pink	☆ Life
☆ Rock	☆ Fun	☆ Voice
☆ Pop	☆ Girls	☆ Super

Ihr könnt für euren Bandnamen auch die Anfangsbuchstaben eurer Vornamen kombinieren, zum Beispiel:

Lisa + Deborah + Lou
= *Loudelie*

Oder ihr bezieht euch auf den Ort, an dem ihr euch kennengelernt habt (School Girls) oder auf eure Heimatstadt (Best Berlin).

ATMUNG & KÖRPERHALTUNG

Trainiere dein Lungenvolumen, zum Beispiel beim Yoga, Joggen, Fahrradfahren, Schwimmen ... Eine tiefe, befreite Atmung kannst du immer und überall üben! Achte auf eine aufrechte Körperhaltung: Stelle dir vor, du seist eine Marionette und jemand zöge an einer Schnur, die oben an deinem Hinterkopf befestigt ist.

Es muss nicht gleich ein Doppel-Album sein! Ein guter Refrain und zwei Strophen reichen fürs Erste. Lernt den Text auswendig, sagt ihn laut auf, findet den richtigen Rhythmus. Und wenn ihr das Gefühl habt, euch fällt rein gar nichts ein, dann nehmt ihr einfach ein Lied, das ihr gut kennt. Ihr hört es euch mehrmals aufmerksam an und jede schreibt Ideen für eine Choreografie auf, die zum Inhalt passt. Wenn es im Text um Schmerz geht, könntest du dich zum Beispiel zusammenkrümmen, um Freude zum Ausdruck zu bringen, springst du mit erhobenen Armen in die Luft etc. Dann werft ihr eure Ideen zusammen, bastelt eine Choreografie daraus und fangt an zu üben!

ARTIKULATION

Ein Pop-Star muss natürlich eine deutliche Aussprache haben! Um die zu trainieren, steckt ihr euch reihum drei Marshmallows in den Mund und versucht, den Refrain eures Lieblingsliedes mitzusingen ... ohne zu spucken! Lachanfall garantiert! Zungenbrecher sind auch sehr gut geeignet, um das Sprechvermögen zu trainieren. Sage den folgenden Satz so schnell wie möglich mehrmals nacheinander, ohne dich zu verhaspeln: „Blaukraut bleibt Blaukraut und Brautkleid bleibt Brautkleid." Oder auch: „Ein plappernder Kaplan klebt Papp-Plakate."

Ein echter Pop-Star ist auch sportlich und voller Energie. Haltet euch fit, um auf der Bühne nicht gleich schlapp zu machen! Mit Limbo könnt ihr eure Gelenkigkeit trainieren: Zwei von euch halten einen Besenstiel waagerecht in Schulterhöhe, und die dritte muss stehend, mit den Knien voran und nach hinten gebeugtem Rücken, unter dem Besenstiel hindurch, ohne ihn zu berühren. Nach jedem Durchgang wird die Stange ein Stück tiefer gehalten, sodass es immer schwieriger wird!

FLOSS DANCE

Du kennst vielleicht den Floss Dance, auch *Flossing* oder *Backpack Kid* genannt. Erfunden hat ihn ein 16-jähriger US-amerikanischer Jugendlicher, der sein kleines Tanzvideo zunächst auf sozialen Netzwerken veröffentlicht hat. Es hat sich rasend schnell verbreitet und wurde von vielen Promis aufgegriffen. Und jetzt bist du dran! Denk dir eine einfache, aber mitreißende Bewegungsfolge aus!

Hier ein paar Anregungen:

- Hebe die Arme über den Kopf und schwinge oder kreise mit den Hüften.
- Lasse die Arme zunächst seitlich am Körper herabhängen, dann springst du in die Luft und klatschst die Hände über dem Kopf zusammen.
- Gehe in eine tiefe Hocke und dann, hopp! – springst du auf und streckst dabei den ganzen Körper in die Länge, die Fingerspitzen zeigen Richtung Himmel.

Das richtige Outfit für den Auftritt ist wichtig!
Zum Beispiel kann sich jede von euch eine
andere Farbe aussuchen. Oder ihr kreiert eine
Art „Uniform" und habt ungefähr das gleiche
an: Jeans und T-Shirt in den gleichen Farben
und ein auffälliges Accessoire für
den Wiedererkennungseffekt.

LAMPENFIEBER

Es ist ganz normal und sogar
hilfreich, vor einem Auftritt
aufgeregt zu sein und Lampen-
fieber zu haben! Dadurch
bist du konzentrierter
und kannst deinem
Publikum noch mehr
Energie geben. Also:
Keine Panik! Legt einfach los!

BÜHNE FREI!

Jetzt, wo ihr alles perfekt einstudiert und alle
Abläufe optimiert habt, ist der große Moment
gekommen: Vorhang auf und Bühne frei!
Genießt und feiert diesen unvergesslichen
Moment mit euren Freundinnen! Ihr
werdet euch immer wieder gern daran
zurückerinnern.

10 Tipps für gute Laune

Wir verraten dir ein paar ganz einfache Rezepte, die dir helfen, dich wohl zu fühlen und die gute Laune nicht zu verlieren.

1 Recken und strecken

Wenn dein Wecker klingelt, nimm dir die Zeit, dich im Bett ausgiebig zu strecken und in die Länge zu ziehen, bevor du aus deinem kuscheligen Bett steigst.

2 Ein gutes Frühstück

Plane morgens genügend Zeit für ein ausgewogenes Frühstück ein: Müsli oder Brot, dazu ein Joghurt, ein Glas Saft oder ein Stück Obst. Finde heraus, was du für einen guten Start brauchst!

3 Das Glas ist halb voll

Oft unterhält man sich nur über das, was nicht gut läuft, und vergisst dabei, die Dinge zu erwähnen, über die man sich freut. Aber Glück wird größer, wenn man es teilt! Sprich über das, was dich glücklich macht!

4 Dein schönstes Lächeln

Heute hast du besonders gute Laune, also zeige es und schenke der Welt ein Lächeln! Der Komiker Charlie Chaplin hat einmal sehr treffend festgestellt: „Jeder Tag, an dem du nicht lächelst, ist ein verlorener Tag."

5 Alles ist relativ

Deine beste Freundin Lisa ist nicht zu deinem Geburtstag gekommen? Versuche zu verstehen, warum dir das Kummer bereitet, und sprich es an. Lass nicht zu, dass die Situation sich aufschaukelt.

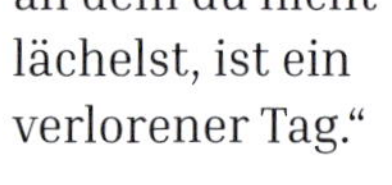

6 Ein guter Plan

Schlechte Laune entsteht oft durch Ärger und
Überdruss, aber dafür gibt es Lösungen!
Schreibe jeden Sonntag einen Plan für die
kommende Woche. Dinge, die du gern
machst, färbst du zum Beispiel
rosa ein, und Dinge, die
dir keine Freude bereiten,
grün. Am Ende sollte dein
Wochenplan mehr rosa als
grüne Programmpunkte
enthalten!

7 Sport

Du meinst, wenn du schlecht drauf
bist, hast du erst recht keine Lust
auf Sport? Trotzdem ist Sport das
beste und zuverlässigste Mittel,
um die Stimmung zu verbessern!
Sobald du dich aufgerafft hast,
steigt die Laune automatisch!

8 Bleib entspannt

Deine Eltern ermahnen dich
ständig, dass du dein Zimmer
aufräumen, deine Hausaufgaben
machen sollst usw. Aber halte
dir vor Augen (auch wenn es
schwerfällt), dass sie das nur zu
deinem Besten tun, und versuche,
einem Streit auszuweichen. Das
gleiche gilt für deine Geschwister:
Bleib ruhig!

9 Schreibe Tagebuch

Deinem Tagebuch kannst du alles anvertrauen.
Versuche, jeden Tag etwas zu schreiben:
Einen Gedanken, eine kleine
Begebenheit, ein großes
Abenteuer, etwas, was
dir den Tag versüßt
hat – alles, was dich
beschäftigt.

10 Gute Nacht!

Denke an all die schönen, angenehmen Dinge, die
dich am nächsten Tag erwarten. Und vergiss nicht,
dass eine erholsame Nacht eine wichtige Voraussetzung für gute Laune ist. Also: Ab ins Bett!

Ein Jahr voller Herausforderungen

Aufgabe 1
Heute wünschst du so vielen Leuten wie möglich einen „Guten Tag"!

Aufgabe 2
Mach ein Selfie mit einer älteren Person, die du auf der Straße getroffen hast.

Aufgabe 3
Iss im Laufe eines Tages drei Lebensmittel, die du eigentlich nicht magst.

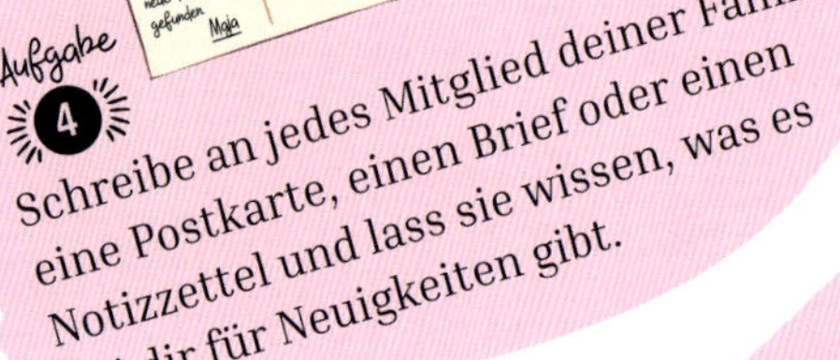

Aufgabe 4
Schreibe an jedes Mitglied deiner Familie eine Postkarte, einen Brief oder einen Notizzettel und lass sie wissen, was es bei dir für Neuigkeiten gibt.

Aufgabe 5
Finde ein möglichst langes Haar.

Aufgabe 6
Schaue dir einen Sonnenuntergang an (bis zum Ende!).

Aufgabe 7
Beklebe oder bemale dir einen ganzen Arm mit temporären Tattoos. Am besten machst du das während der Schulferien.

Aufgabe 8
Behalte einen ganzen Tag lang den Schlafanzug an.

Aufgabe 10

Suche Kiesel oder andere Steine, betrachte sie genau und überlege bei jedem, welchem Gegenstand oder Tier er ähnlich sieht. Beschrifte jeden Stein mit seinem „neuen" Namen oder male ihn entsprechend an.

Aufgabe 9

Backe dein Brot selbst. Du kannst stolz sein auf so ein frisch gebackenes, noch warmes Brot, und es schmeckt einfach himmlisch!

Aufgabe 11

Organisiere eine Schnitzeljagd bzw. Schatzsuche für deine kleinen Cousins, Cousinen oder Geschwister. Du wirst viel Spaß daran haben!

Aufgabe 12

Pflücke Margeriten oder Gänseblümchen auf einer Wiese und flicht daraus einen Kranz.

Aufgabe 14

Lackiere jeden Fingernagel in einer anderen Farbe.

Aufgabe 13

Ziehe zwei verschiedene Strümpfe an und trage sie den ganzen Tag lang. (Tipp: Wenn du höhere Stiefel trägst, bekommt das niemand mit!)

Aufgabe 15

Lege dich ins Gras und schaue dir die Wolken an. Versuche, an nichts zu denken, so kannst du ganz viel Energie tanken! Versuche, in den Wolken verschiedene Formen zu erkennen: ein Schaf, einen Drachen, eine Hexe ...

Aufgabe 16

Geh zum Bäcker Brötchen kaufen, und laufe die gesamte Strecke rückwärts.

Aufgabe 17

Setze dich in die Nähe eines Ameisenhaufens und beobachte die Tierchen über einen längeren Zeitraum. Es ist faszinierend!

Aufgabe 18

Organisiere einen Kochwettbewerb mit allen Mitgliedern deiner Familie.

Aufgabe 19

Verändere deine Frisur, zum Beispiel mithilfe von Haarspangen, einem Haarreif oder Stirnband, indem du die Haare zu Zöpfen flichtst oder zu einem Knoten bindest usw. Probiere Verschiedenes aus und finde dein neues Lieblings-Styling.

Aufgabe 20

Stelle die Möbel in deinem Zimmer um und dekoriere es neu.

Lass dir ein Bad ein mit viel Schaum.

Veranstaltet einen Wettbewerb: Wer baut den schönsten Schneemann? Und danach liefert ihr euch eine wilde Schneeballschlacht.

Mach jemandem einfach so, ohne einen bestimmten Anlass, ein Geschenk.

Triff dich mit deinen besten Freundinnen zu einem ausgedehnten Stadtbummel.

Schlage deinen Eltern vor, einen ganzen Abend lang auf Elektrizität zu verzichten (ohne dass ihr durch einen Stromausfall dazu gezwungen seid): Gespräche, Spiele und Basteln bei Kerzenschein, wie in der guten alten Zeit. Schöne Stimmung garantiert!

Ziehe die Kleider deiner Mutter oder deiner Schwester an und laufe einmal um den Häuserblock.

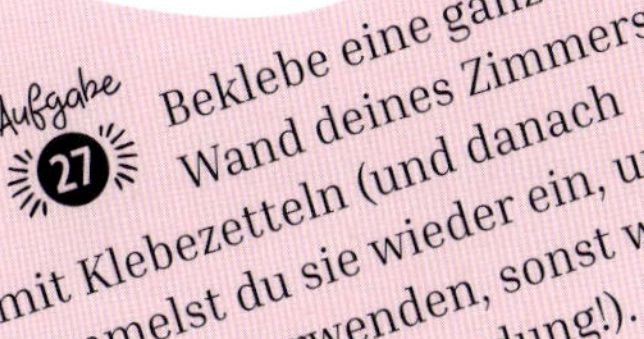

Jeden Montag wählt ihr, du und deine Freundinnen, die „Königin der Woche". Sie darf dann die ganze Woche über bestimmen, welche Spiele ihr spielt.

Beklebe eine ganze Wand deines Zimmers mit Klebezetteln (und danach sammelst du sie wieder ein, um sie weiter zu verwenden, sonst wäre es Verschwendung!).

MISSION TAGEBUCH

Wahrscheinlich trägst du jede Menge Geheimnisse mit dir herum. Wie wäre es, all deine Ideen und alles, was dir auf dem Herzen liegt, einem Tagebuch anzuvertrauen?

Die ersten Seiten

Besorge dir ein hübsches Notizbuch. Auf die ersten Seiten schreibst du, wer du bist: deinen Vor- und Nachnamen, wann du geboren wurdest, wie groß du bist, was du besonders gut kannst und was nicht, dein Sternzeichen usw. Du kannst Fotos hineinkleben … Vielleicht hast du auch Lust, etwas zu zeichnen, um deine Erlebnisse zu illustrieren, oder Collagen zu basteln mit Dingen, die an bestimmten Tagen für dich wichtig waren.

Schreibe jeden Abend einige Zeilen, um Bilanz zu ziehen und deinen Tag abschließen zu können. Wenn du unter der Woche nicht dazu kommst, hole es am Wochenende nach.

Deinem Tagebuch kannst du alles anvertrauen, deine Ängste, deine Wünsche, auch ein Geheimnis, bei dem es dir schwerfällt, es für dich zu behalten: Deinem Tagebuch darfst du es erzählen!

Finde ein gutes Versteck für dein Tagebuch! Nicht auszudenken, wenn deine Schwester es in die Finger bekommen und darin lesen würde!

Du schreibst es für dich, blättere also ruhig hin und wieder ein paar Seiten zurück. Du wirst feststellen, dass du dich weiterentwickelt hast, manchmal musst du vielleicht sogar über dich selbst lachen. Ein Tagebuch veranschaulicht sehr schön, welchen Weg du bereits zurückgelegt hast.

Anne Frank

Das tragische Schicksal eines jungen Mädchens, das im Schreiben Zuflucht findet.

Anne Frank kommt im Jahr 1929 in Frankfurt am Main zur Welt. Als der Zweite Weltkrieg ausbricht, ist sie erst zehn Jahre alt. Da sie Jüdin ist und Juden von den Nationalsozialisten verfolgt werden, beschließt die Familie, Deutschland zu verlassen. Sie gehen in die Niederlande ins Exil. Doch auch dort sind sie bald nicht mehr sicher. 1942 bezieht die Familie zusammen mit vier weiteren Personen einen verborgenen Unterschlupf, um zu überleben. Zwei Jahre später wird ihr Versteck entdeckt, und alle werden ins Konzentrationslager deportiert. Annes Vater überlebt als einziger der Familie den Krieg. Er entdeckt Annes Tagebuch, in dem sie erzählt, wie sie sich während des Krieges versteckte. Tief bewegt, beschließt er, es zu veröffentlichen. Das Buch erscheint 1947 und wurde seitdem in über 40 Sprachen übersetzt.

Wenn du dieses fesselnde Buch noch nicht gelesen hast, leihe es dir zum Beispiel aus der Bibliothek aus: *Das Tagebuch der Anne Frank*.

BAU DIR EIN TIPI!

Du wünschst dir einen gemütlichen Ort, wo du nach der Schule ungestört bist, oder würdest gern einmal eine Nacht draußen unterm Sternenhimmel verbringen?
Ein einfaches Tipi ist schnell gebaut!

DAFÜR BRAUCHST DU:

- ★ 5 stabile Äste oder (noch besser) 5 dicke Bambusstäbe von ungefähr 1,50 m Länge
- ★ ein Knäuel reißfeste Schnur
- ★ alte Bettlaken oder andere ausgediente Stoffe
- ★ eine Schere
- ★ eine ebene Stelle im Garten oder auf der Wiese, wo du dein Tipi aufstellen kannst

Befreie die Fläche, auf der das Tipi stehen soll, von allem, was dich pieken, kratzen, drücken oder sonst wie stören könnte. Lege mit der Schnur einen Kreis, der so groß ist, wie dein Tipi später werden soll.

Platziere drei Stäbe auf der Kreislinie und binde sie am oberen Ende mit der Schnur zusammen.

Nimm die übrigen beiden Stäbe hinzu, um das Gerüst zu stabilisieren, und binde auch diese fest.

TIPP

Damit es richtig gemütlich wird, bring dir eine Isomatte mit, auf die du deinen Schlafsack legen kannst. Und dein Kuschelkissen!

Befestige die Laken so an der Spitze des Tipis, dass der Stoff alle Seiten des Tipis bedeckt. Schneide an mehreren Stellen Löcher in den Stoff, um die Laken mithilfe der Schnur miteinander zu verbinden. Vergiss nicht, den Eingang frei zu lassen!

Natürlich kannst du auch einfach ein fertiges, gekauftes Zelt im Garten aufstellen, aber das macht nur halb so viel Spaß. In einem Unterschlupf zu liegen, den du selbst, mit eigenen Händen, gebaut hast, ist ein tolles Gefühl!

SPIELE & GESCHICHTEN ZUM GRUSELN

Für eine unvergessliche Nacht unter freiem Himmel brauchst du nicht viel: einen ruhigen Ort, an dem du dich bequem ausstrecken und in die Sterne schauen kannst, ein paar Kleinigkeiten zum Knabbern, eine oder mehrere Personen, die dir Gesellschaft leisten, eine Taschenlampe für mehr Sicherheit und natürlich eine Portion Mut, um die Angst vor der Dunkelheit zu überwinden.

WER HAT ANGST?

Eine von euch ist der Wolf, die anderen verbergen sich in der Dunkelheit. Der Wolf ruft „huu, huu" und versucht, so viele Mitspieler wie möglich zu berühren und damit in Wölfe zu verwandeln. Diese Wölfe versuchen nun ihrerseits, die verbliebenen Mitspielerinnen aufzuspüren und rufen ebenfalls „huu, huu". Diejenige, die als letzte erwischt wird, hat das Spiel gewonnen.

Das richtige Ambiente

● Knochendeko für die Gläser deiner Freundinnen: Pro Glas malst du zwei identische kleine Knochen auf Papier auf, schneidest sie aus und klebst sie um einen Trinkhalm herum zusammen. Für jedes Glas bastelst du die Knochen in einer anderen Form und Farbe, damit deine Gäste ihr Glas gleich wiedererkennen.

● Bastele ein Skelett, das du an den Eingang deines Zeltes oder deines Tipis hängst.

● Verteile überall kleine und größere Spinnen aus Plastik oder Gummi.

● Besorge Kekse und Süßigkeiten in Form von Gespenstern, Fledermäusen usw.

Stecke Marshmallows auf Grill-
spieße aus Holz. Die Marshmallows
könnt ihr dann – unter Aufsicht
einer erwachsenen Person – langsam über dem offenen Feuer
rösten. Das macht Spaß und
schmeckt super lecker!

Nacheinander erfindet jeder deiner Partygäste eine schaurige, aber halbwegs realis-
tische Geschichte, in der so viele unheimliche Gestalten wie möglich vorkommen:
Werwölfe, Vampire, Monster, Zombies, Hexen, Gespenster usw. Wenn du als Erzählerin
an der Reihe bist, nimmst du unauffällig eine (zunächst ausgeschaltete) Taschenlampe in die Hand. Du lässt deine Geschichte an einer besonders gruseligen Stelle enden,
schaltest dann plötzlich die Taschenlampe ein und leuchtest deine Freundin direkt an.
Oder du kitzelst sie in so einem Moment mit einer Feder. Gänsehaut garantiert!

Erforsche die Welt der Sterne

Eine laue Sommernacht ist ideal, um die Sterne zu betrachten! Lege dich einfach ins weiche Gras und schaue in den Himmel. Es ist faszinierend, sich in den Anblick der Sterne zu versenken, und schon nach kurzer Zeit wirst du dich wie eine echte Astronomin fühlen!

Blick in die Sterne

Alles, was du brauchst, ist ein Nachthimmel ohne Mond und ohne Wolken sowie einen Ort, der so weit wie möglich von den Lichtern der menschlichen Siedlungen entfernt ist, denn grelle Straßenlampen oder Leuchttafeln in den Städten stören die Sicht auf die Sterne, man spricht von Lichtverschmutzung. Ideal wäre eine Sommernacht in den Bergen.

Was ist Astronomie?

Das Wort Astronomie kommt aus dem Griechischen und bedeutet *Gesetz der Gestirne*. Es ist eine Wissenschaft, die die Betrachtung von Himmelskörpern zum Gegenstand hat, mit dem Ziel, die Sterne und das Sonnensystem zu verstehen. Viele Sterne kannst du mit bloßem Auge erkennen, wenn du in den Himmel schaust, du siehst die Sonne, die tagsüber die Erde erhellt, kannst Sternbilder finden …

Die bekanntesten Sternbilder sind relativ leicht zu erkennen:

Der *Große Wagen* besteht aus den hellsten Sternen eines größeren Sternbildes namens *Großer Bär* (eigentlich *Große Bärin*, lateinisch *Ursa Major*).

Der Kleine Wagen, auch *Kleiner Bär* genannt, enthält am Ende der Deichsel den Polarstern und ist ein eigenes Sternbild. Der Polarstern zeigt an, wo Norden ist.

Schon gewusst?

Unsere Galaxie, die sogenannte Milchstraße, besteht aus 234 Milliarden Sternen. Nicht alle sind mit bloßem Auge zu erkennen, da sie extrem weit von der Erde entfernt sind.

Kassiopeia hat die Form des Buchstaben „W".

Der Schwan bildet ein auffälliges Kreuz am Nachthimmel, das *Kreuz des Nordens* genannt wird.

DEIN TRAUMFÄNGER

Damit du selig schlummern kannst, hänge dir einen Traumfänger in dein Zimmer. Er bewahrt die schönen Träume und verscheucht die bösen. Du musst nur daran glauben!

DAFÜR BRAUCHST DU:

* einen Metallring mit einem Durchmesser von ca. 20 cm (so etwas findest du in Geschäften für Bastelbedarf)
* eine 4 m lange Baumwollschnur
* Klebstoff
* einen Locher oder eine Lochzange
* eine Schere

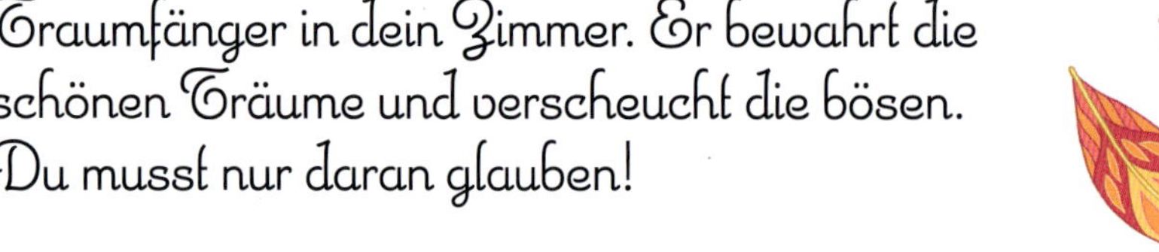

Knote zunächst die Schnur an dem Metallring fest. Dann machst du eine lockere Schlinge um den Ring (ohne dass die Schnur sich verheddert, am besten wickelst du sie zu einem kleinen Knäuel auf), hältst den Anfangsknoten fest, führst den Faden locker einmal um den Ring herum und dann durch die entstandene Öffnung. Halte die Schnur gespannt, aber zieh nicht zu fest daran, damit der Anfangsknoten nicht verrutscht.

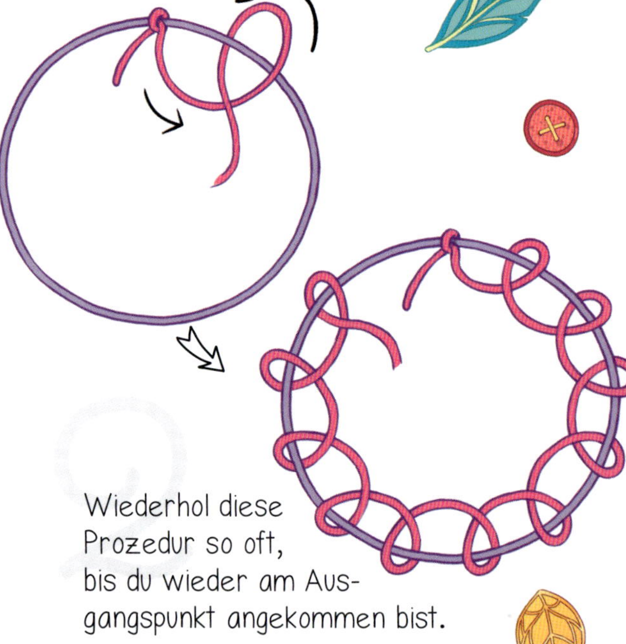

Wiederhol diese Prozedur so oft, bis du wieder am Ausgangspunkt angekommen bist.

Nun nimmst du die zweite Reihe in Angriff. Du gehst genauso vor wie bei der ersten Reihe, nur dass du die Schnur jetzt nicht mehr um den Ring schlingst, sondern um die Fäden der ersten Reihe. Fahre mit der zweiten Reihe fort, bis du wieder in Höhe des Ausgangspunkts angekommen bist.

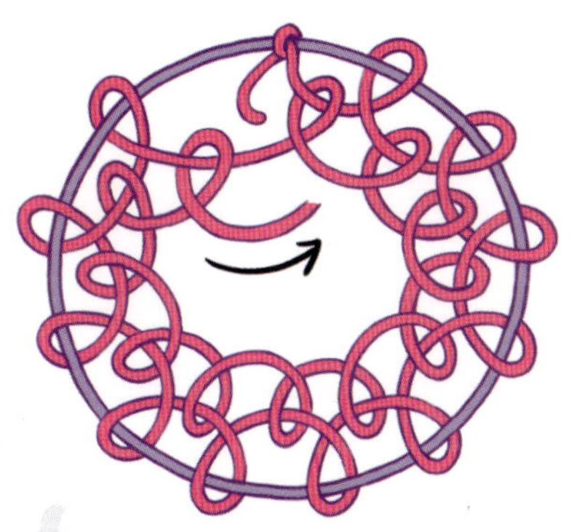

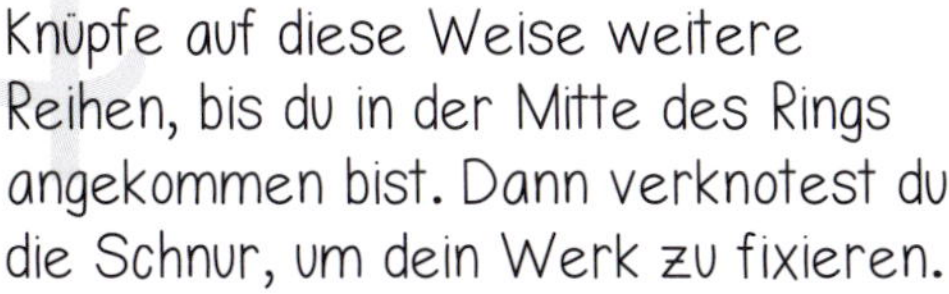

Knüpfe auf diese Weise weitere Reihen, bis du in der Mitte des Rings angekommen bist. Dann verknotest du die Schnur, um dein Werk zu fixieren.

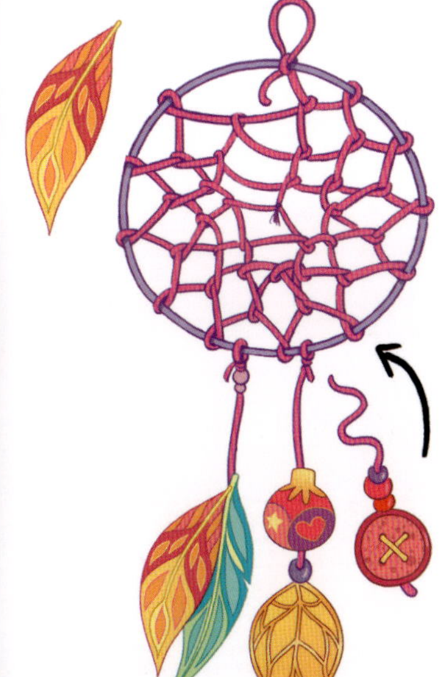

Knote eine Schlaufe an das obere Ende deines Traumfängers, damit du ihn aufhängen kannst.

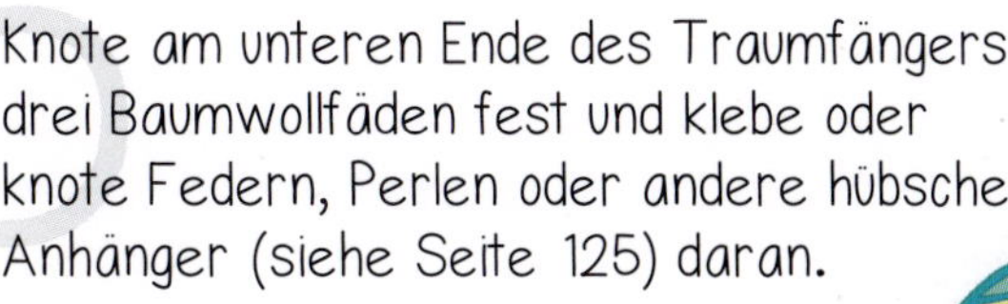

Knote am unteren Ende des Traumfängers drei Baumwollfäden fest und klebe oder knote Federn, Perlen oder andere hübsche Anhänger (siehe Seite 125) daran.

Sport-Challenge

Versuche, dich so vielen sportlichen Herausforderungen wie möglich zu stellen! Mach dir eine Liste und hake ab, was du an neuen sportlichen Aktivitäten ausprobiert hast!

1 Du musst nicht gleich in das nächste Geschäft für Reitbedarf rennen und eine komplette Ausrüstung kaufen, bevor du überhaupt mit dem Reiten begonnen hast! Im Reitverein wirst du erst einmal ein paar Runden an der Longe drehen. Du kannst auch deine Familie bitten, an einem Nachmittag mit dir zusammen einen geführten Reitspaziergang zu machen.

Reiten ☐

2 Wer sagt denn, dass nur ein großer Kraftprotz einen Kimono tragen darf? Bevor du auf Tuchfühlung mit einer Tatami (japanischer Bodenbelag aus Reisstroh-Matten) gehst, empfiehlt es sich, das Fallen zu üben! Grundlage des Judo ist nämlich, so zu fallen, dass man sich dabei nicht verletzt. Mit der folgenden Technik kannst du das trainieren:

Judo ☐

3 Achtung! Wer von Tanz spricht, meint nicht zwangs-
läufig klassisches Ballett, rosa Tutu (gesprochen
Tütü) und Spitzentanz-Schuhe, die für die Füße
zur Tortur werden! Bevor du die verschiedenen Tanzstile erkundest, tanze mit deinen
Freundinnen! Übt verschiedene Tanzstile
und Schritte ein und erfindet Choreo-
grafien!

Tanz ☐

4 Der Austragungsort für diese Herausforderung ist – sofern du sie annimmst – das Beach-
Volleyballfeld! Trommele, bevor du das nächste
Mal dorthin gehst, genügend Mitspielerinnen
zusammen, um Beach-Volleyball zu spielen. Das
entspannt, macht jede Menge Spaß und du lernst
neue Leute kennen!

Beach-
Volleyball ☐

5 Du kannst von Action, Spaß und Bewegung nicht genug bekommen? Dann ab in den Zirkus! Um dich darauf vorzubereiten, übst du
zu Hause: Rolle vorwärts, Rolle rückwärts, beim aufrechten Gehen ein
Buch auf dem Kopf balancieren, Rad schlagen (erst auf zwei Händen,
dann auf einer Hand), Jonglieren (erst mit zwei Bällen, dann mit drei
oder vier) … Sobald du das Gefühl hast, bereit für die Manege zu sein,
erkundige dich, wo es in deiner Nähe einen Mitmach-Zirkus gibt und
nimm Kontakt auf!

Zirkus ☐

Sportarten, die ich ausprobiert habe:

→ einen Mannschaftssport: .... ☐

→ einen Einzelsport: .... ☐

→ eine andere Sportart: .... ☐

→ eine andere Sportart: .... ☐

10 Dinge, die absolut unverzichtbar sind

... oder die zumindest ganz praktisch sind ;-)

1 Modische **Turnschuhe** oder **Sneakers**. Weil sie einfach zu allem passen, sind sie bei jedem Anlass deine Verbündeten.

2 Ein **gutes Buch** auf dem Nachttisch. Lesen bildet nicht nur, es macht auch Spaß! Mit Büchern kannst du reisen, ohne dich von der Stelle zu bewegen. Wirklich praktisch!

3 Ein **Kalender**, in den du alles eintragen kannst: Hausaufgaben und Klassenarbeiten natürlich, aber auch Geburtstage, Pläne usw.

4 Ein **Stofftier**, kuschelig-zart oder alt und zerrupft. Du brauchst dich nicht zu schämen, weil du noch einen Gefährten aus Stoff hast!

5 Eine **Tasche**, in die du alles hineintun kannst, was du so brauchst: Telefon, Kopfhörer, Buskarte, Bonbons und andere kleine Schätze.

6 Ein **Fotoalbum**, in dem du herumblättern und in schönen Erinnerungen schwelgen kannst.

7 Ein **MP3-Player** oder ein anderes Gerät, mit dem du deine Lieblingsmusik abspielen kannst. Ohne Musik ist das Leben nur halb so schön!

8 Ein **Notizbuch**, denn es gibt dauernd etwas total Wichtiges, das man unbedingt aufschreiben muss!

9 Ein **Kosmetiktäschchen** für deine Haarspangen, Haargummis, dein Lipgloss, ein Duftwasser und sonstige Beauty-Produkte.

10 Eine **Sonnenbrille**, um super auszusehen oder einfach, um damit deine Augen bei Sonne zu schützen.

Eine Auszeit vor den Hausaufgaben

Suche dir einen geeigneten Ort aus und mach dich mental fit für das nachfolgende konzentrierte Arbeiten.

Lass alles los

Setze dich im Schneidersitz hin, sodass sich deine Fußsohlen berühren. Der Rücken bleibt gerade. Breite die Arme aus und mach kleine, später große Auf- und Abwärtsbewegungen, als wärst du ein flügelschlagender Schmetterling. Dann legst du den Kopf auf die Füße und richtest dich wieder auf. Wenn du nicht so beweglich bist, beuge den Oberkörper so weit es geht nach vorne. Wiederhole das ein paar Mal. Wenn du wieder aufrecht sitzt, umfasst du die Füße mit den Händen und nimmst ruhige, tiefe Atemzüge, während du sanft mit den Knien wippst.

Lausche der Stille

In einer immer schnelleren und lauteren Welt ist es wichtig, sich immer wieder auszuklinken, innezuhalten, auf die Geräusche der Umgebung zu hören und die Stille dazwischen zu finden! Eigentlich ist immer irgendwo ein Geräusch zu hören: ein Flugzeug, ein Vogel, das ferne Brummen der Autos, ein piepender Wecker. Der Stille zu lauschen hilft, den Kopf frei zu bekommen, an nichts zu denken und Konzentration für die (Haus-) Aufgaben zu sammeln, die vor dir liegen!

VERTRAUE AUF DICH!

Oft sieht man nur, was <u>nicht</u> geht, statt aus diesen Fehlern zu lernen. Die folgenden 5 Tipps helfen dir, dein Selbstvertrauen zu stärken.

1

Sorge gut für dich! Selbstliebe funktioniert nicht, wenn du dich vernachlässigst.

Genügend Schlaf, gute Ernährung, bequeme Kleidung, aufrechte Körperhaltung – du hast viel zu beachten! Keiner verlangt von dir, dass du das perfekte Mädchen bist, aber du solltest alles tun, damit du dich wohl in deiner Haut fühlst.

2

Treibe Sport!

Sport macht Spaß und ist gut gegen Stress. Wissenschaftliche Untersuchungen haben ergeben: Je mehr Sport eine Person treibt, desto besser kümmert sie sich um ihren Körper, akzeptiert ihn so, wie er ist, und erlangt dadurch mehr Selbstsicherheit.

3

Mit der Zeit wirst du immer mehr Selbstvertrauen entwickeln.

In der Zwischenzeit hilft es, wenn du dir auflistest, was du alles gut kannst, statt dich immer nur über deine kleinen Schwächen zu ärgern.

Sei nachsichtig mit dir selbst. Niemand ist perfekt!

In Zeitschriften, im Fernsehen und in den sozialen Medien wird uns gezeigt, wie das (angeblich) perfekte Mädchen auszusehen hat. In deinem Alter ist es ganz normal, nach Vorbildern zu suchen, aber ist dir klar, dass diese Fotos heftig bearbeitet wurden, also überhaupt nicht die Wirklichkeit abbilden?

Mit guter Beleuchtung, dem optimalen Bildausschnitt und viel Make-up werden die Stars und Sternchen immer perfekt in Szene gesetzt. Lass dich davon nicht beirren! Lerne, dich selbst mit Wohlwollen zu betrachten und dich mit deinem Erscheinungsbild zu versöhnen. Du bist gut so, wie du bist!

Sage laut und deutlich deine Meinung.

Natürlich musst du die Leute nicht gleich anschreien! Aber trau dich, „ja" zu sagen, und trau dich, „nein" zu sagen, wenn du es für richtig hältst. Sprich klar verständlich, ohne zu nuscheln. Die Leute sollen sich nicht anstrengen müssen, um dich zu verstehen.

ETWAS ZUM NACHDENKEN

„Einer Kröte ist es gelungen, eine steile Felswand hinaufzuklettern, obwohl alle anderen ihr mehrfach gesagt haben, dass das unmöglich sei. Sie hat es trotzdem geschafft, weil sie taub war."

Das bedeutet: Jemand, der an sich glaubt und auf seine Fähigkeiten vertraut, hat die besten Voraussetzungen, um sein Ziel zu erreichen.

MISSION SKATEBOARD

Bist du bereit, ein echtes Skater-Girl zu werden? Auf einem Brett mit Rollen kommst du besser durchs Leben!

DAS BRAUCHST DU:

* ein Skateboard
* flache Turnschuhe
* Protektoren: einen Helm sowie Knie-, Ellbogen- und Handgelenkschoner
* einen glatten Untergrund ohne Unebenheiten

Erste Schritte

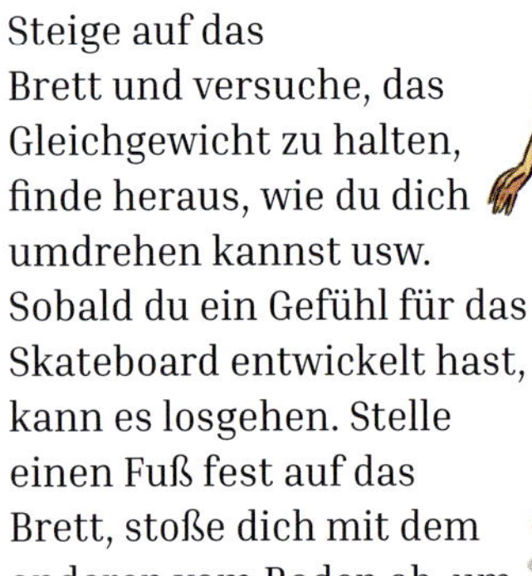

Steige auf das Brett und versuche, das Gleichgewicht zu halten, finde heraus, wie du dich umdrehen kannst usw. Sobald du ein Gefühl für das Skateboard entwickelt hast, kann es losgehen. Stelle einen Fuß fest auf das Brett, stoße dich mit dem anderen vom Boden ab, um Schwung zu bekommen, und stelle dann auch den zweiten Fuß aufs Brett. Versuche, das Gleichgewicht zu halten. Wenn du genügend Schwung hast, stelle die Füße quer zum Brett und lass das Skateboard so lange wie möglich rollen.

Wo ist die Bremse?

Eine Möglichkeit zu bremsen ist, einen Fuß auf den Boden zu stellen bzw. mit einem Fuß über den Boden zu schleifen. Das ist einer der Gründe, warum die Schuhe von aktiven Skateboardern und Skateboarderinnen immer so verschlissen sind!

Die andere Möglichkeit: Du rutschst mit einem Fuß ans hintere Ende des Brettes (dem sogenannten *Tail*) und stellst den Fuß so, dass die Ferse ein Stück über das Brett hinausragt. Dann verlagerst du dein Gewicht nach hinten, sodass der vordere Teil (die sogenannte *Nose*) des Bretts sich hebt. Hopp! Schon stehst du!

Ellen O'Neal

Eine vielseitige Skaterin, die in einem von Männern dominierten Sport beeindruckende Erfolge feiert!

Die im kalifornischen San Diego (USA) geborene Ellen O'Neal hat als eine der ersten Profi-Skaterinnen in den 1970er Jahren Sportgeschichte geschrieben. Anfangs nutzt sie das Rollbrett schlicht als Fortbewegungsmittel, um zur Schule zu gelangen, aber als sie sich aus Spaß bei einem Wettbewerb im Stadion von San Diego anmeldet, sticht sie durch ihr Können heraus. Da sie nicht nur sehr talentiert ist, sondern zudem gut aussieht, werden bald Sponsoren auf sie aufmerksam. Die Legende nimmt ihren Lauf.

Ellens Trick

Zu ihren Wahrzeichen zählt der Trick *Hang Ten Nose Manual*. Dazu musst du viel Schwung nehmen, dann beide Füße zusammen auf das vordere Ende des Skateboards stellen und versuchen, beim Weiterrollen auf zwei Rollen das Gleichgewicht zu halten. Nach einigen Stunden Training kannst du Ellens Trick probieren, aber bitte immer nur mit Protektoren üben: Knie-, Ellbogen- und Handgelenkschoner und ein Helm sind ein Muss! Pass auf dich auf!

Ein Regenbogenkuchen

Mit diesem wunderschönen Kuchen in den Farben des Regenbogens ist der Wow-Effekt garantiert!

Dafür brauchst du

(für 8 Personen):

- 6 Eier
- 400 g Zucker
- 400 g Mehl
- 200 g zerlassene Butter
- 1 Päckchen Backpulver
- 400 ml Milch
- Lebensmittelfarbe in Rot, Gelb und Blau
- 500 g Mascarpone
- 200 g Frischkäse
- 125 g Puderzucker

❶ Schlage den Zucker und die Eier mit dem Schneebesen, bis sie schaumig sind. Gieße die zerlassene Butter dazu und verrühre die Mischung.

❷ Gib nach und nach das Mehl und das Backpulver hinzu, während du die ganze Zeit weiter rührst. Dann gießt du die Milch dazu.

3 Teile den Teig in 6 gleich große Portionen auf und färbe jede Portion in einer anderen Farbe ein: gelb, rot, blau, lila (aus Rot und Blau), grün (aus Gelb und Blau) und orange (aus Rot und Gelb).

4 Heize den Backofen auf 180 °C vor. Gib die gefärbten Teigportionen nacheinander in eine Kuchenform und schiebe sie jeweils für zehn Minuten in den Ofen.

5 Für die Füllung verrührst du den Mascarpone, den Frischkäse und den Puderzucker zu einer glatten Creme.

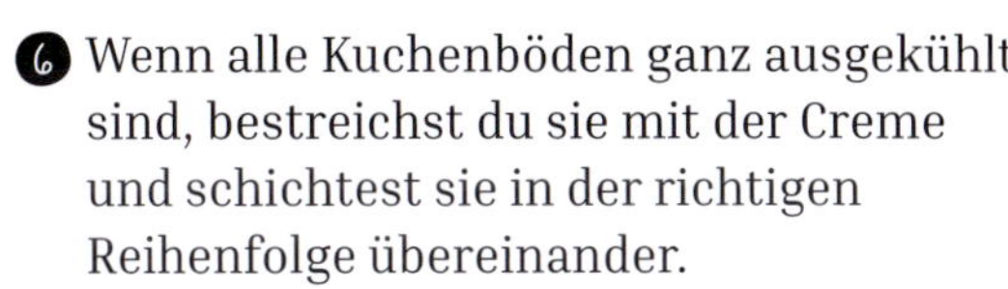

6 Wenn alle Kuchenböden ganz ausgekühlt sind, bestreichst du sie mit der Creme und schichtest sie in der richtigen Reihenfolge übereinander.

7 Zum Schluss bestreichst du den gesamten Kuchen rundum mit der restlichen Creme.

Wow!!!

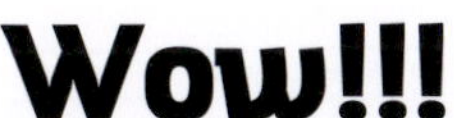

Spring über deinen Schatten!

Freundlichkeit ist kein Zeichen von Schwäche, ganz im Gegenteil! Meist genügen kleine Gesten, um Gutes zu tun und anderen eine Freude zu bereiten. Doch, wirklich! Probiere es aus!

Verschenke Zeit ...

... an deine Freundinnen und deine Familie (das heißt natürlich nicht, dass du allzeit zur Verfügung stehen musst!). Vielleicht erhältst du nicht sofort eine Gegenleistung, aber später wirst du sicher froh sein, dass du auf sie zählen kannst. Außerdem ist es ein schönes Gefühl, anderen zu helfen. Es macht zufrieden und ist gut für das seelische Gleichgewicht.

Engagiere dich für deine Mitmenschen!

Statt zu warten, bis dich jemand um etwas bittet, kannst du selbst deine Hilfe anbieten: der alten Dame die schwere Einkaufstasche tragen, den entlaufenen Hund des Nachbarn wieder einfangen, den Zettel aufheben, den die Dame in der Bäckerei verloren hat, dich um den kleinen Jungen kümmern, der mitten im Kaufhaus-Gewusel ganz allein dasteht ... Es gibt 1.000 Möglichkeiten, sich nützlich zu machen!

Sei nett zu deiner Familie!

Deine Eltern haben einen langen, anstrengenden Arbeitstag hinter sich, wenn sie abends nach Hause kommen. Bestürme sie nicht augenblicklich mit deinen Fragen und Wünschen. Wie wäre es stattdessen, sie mit einer liebevollen Nachricht zu überraschen: „Ich sage euch gar nicht oft genug, wie lieb ich euch habe!" Lege den Zettel ins Badezimmer, auf ihr Kopfkissen oder hänge ihn an den Spiegel im Flur. Wenn so etwas ohne bestimmten Anlass geschieht, werden sie sich umso mehr freuen!

Bleib gelassen!

Verweigere dich nicht, wenn du gebeten wirst, eine Aufgabe im Haushalt zu übernehmen. Die Spülmaschine ausräumen? Absolut keine Lust! Kann ja sein, aber wenn es nun einmal zu deinen Pflichten gehört, was bringt es dann, sich zu wehren? Aktion, Reaktion. Gib dir einen Ruck!

Lass dir etwas einfallen!

Draußen ist alles grau in grau, es ist Sonntag, es gibt nichts zu tun. Aber statt dich in deinem Zimmer zu verkriechen, machst du deiner Familie Vorschläge, wie ihr miteinander einen schönen Tag verbringen könntet: Crêpes backen, ein Brettspiel spielen, einen ausgedehnten Spaziergang machen usw.

Tipps für schönes Haar

Deine Haare rufen um Hilfe? Hier kommt die Rettung!

Bürsten

Es heißt ja, hundert Bürstenstriche am Tag seien die Voraussetzung für seidig glänzendes Haar. Aber Vorsicht: Das ist ein bisschen zu viel des Guten! Trotzdem solltest du dein Haar täglich bürsten, nicht nur, um kleine Knötchen zu entfernen bzw. die Bildung von verfilzten Stellen zu vermeiden, sondern auch, um das Haar von Staub zu befreien. Nachts, wenn du dich im Schlaf viel bewegst oder wenn du schwitzt, können sich deine Haare stärker verknoten als am Tag. Wenn du lange Haare hast, kannst du sie über Nacht zu einem Zopf flechten oder einen lockeren Dutt oben auf dem Kopf tragen.

Haare waschen

Die Haare jeden Tag zu waschen, tut ihnen gar nicht gut. Es klingt vielleicht unlogisch, aber je öfter du sie wäschst, desto schneller fetten sie nach, denn durch das Massieren der Kopfhaut stimulierst du die Drüsen, die den Talg produzieren, der deine Haare fettig aussehen lässt. Ein- bis zweimal pro Woche oder nach dem Sport die Haare zu waschen, reicht völlig aus. Benutze ein mildes Shampoo, das deine Kopfhaut nicht angreift.

TIPP

Um glänzendes Haar zu bekommen, musst du nicht viel Zeit, Energie und Geld investieren. Gib einfach einen Esslöffel Essig (Branntwein- oder Apfelessig) auf deine Haare, nachdem du das Shampoo ausgespült hast. Der Geruch verfliegt rasch, und das magische Ergebnis wird dich überzeugen!

Anti-Frizz

Statt deine krisseligen Haare glatt zu föhnen oder mit dem Glätteisen zu bearbeiten, kannst du sie einfach mit lauwarmem Wasser spülen. Durch den Kontakt mit Wasser werden die Haarschuppen, die deine Haare umhüllen, geglättet, und dadurch kräuseln sich deine Haare weniger.

Haare schneiden

Überlass das dem Frisör oder jemandem aus deiner Familie, der mit der Schere umgehen kann! Wer hatte nicht schon einmal den Einfall, selbst Hand anzulegen? So schwer kann das doch nicht sein … Irrtum! Du läufst Gefahr, es bitter zu bereuen, und dann ist es … zu spät!

Geduld!

Während der Pubertät sind die Haare durchweg fettiger als in allen anderen Lebensphasen. Aber keine Sorge, das hält nicht lange an. Die Struktur unserer Haare verändert sich im Durchschnitt alle sieben Jahre. Alles, was du brauchst, ist etwas Geduld.

BEAUTY-PRODUKTE 100 % BIO

Mit wenigen natürlichen Zutaten kannst du deine Kosmetikprodukte ganz einfach selbst herstellen.

LIPPENPFLEGE

Trockene, spröde oder rissige Lippen? Das muss nicht sein! Mit diesem Rezept kannst du ein pflegendes Lipgloss ganz einfach selbst machen.

❶ Stelle das leere Glas samt Verschluss in einen Topf mit Wasser. Lass das Wasser zehn Minuten lang kochen, um das Glas zu sterilisieren.

❷ Verrühre den Honig mit dem Olivenöl.

❸ Wenn du ein Lipgloss mit mehr Effekt möchtest, kannst du ein bisschen Glitzer mit hineinrühren. Wenn es deine Lippen zusätzlich färben soll, fügst du noch etwas rote Lebensmittelfarbe hinzu.

❹ Gieße die Mischung in das sterile Marmeladenglas und schraube es zu. Bewahre dein Lipgloss im Kühlschrank auf, damit es sich möglichst lange hält.

DAFÜR BRAUCHST DU:

- ★ ein kleines Marmeladenglas mit Schraubverschluss
- ★ 1 Esslöffel flüssigen Honig
- ★ 1 Esslöffel Olivenöl

Augenbalsam

Du hast in einem überheizten, schlecht gelüfteten Raum geschlafen und ganz dick geschwollene Augenlider? Hier kommt Linderung: Schneide von einer frischen Salatgurke zwei Scheiben ab und lege sie für 15 Minuten auf die Lider deiner geschlossenen Augen. Danach mit kaltem Wasser abspülen.

DAFÜR BRAUCHST DU:

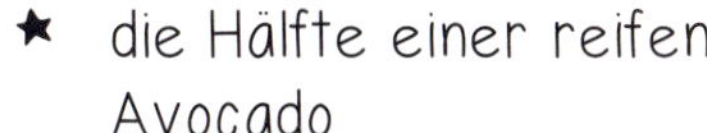

- ★ eine kleine Karotte
- ★ die Hälfte einer reifen Avocado
- ★ 1 Esslöffel Honig
- ★ 1 Esslöffel Crème fraîche

❶ Stelle einen kleinen Topf mit Wasser auf den Herd und lass die Karotte 10 – 15 Minuten kochen.

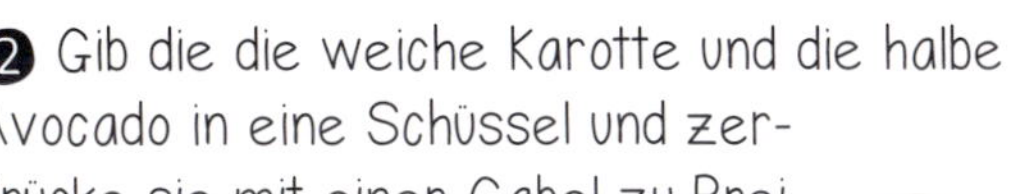

❷ Gib die die weiche Karotte und die halbe Avocado in eine Schüssel und zerdrücke sie mit einer Gabel zu Brei. Dann gibst du den Honig und die Crème fraîche hinzu und verrührst alles, bis du eine glatte Masse erhältst.

❸ Sobald die Mischung ganz abgekühlt ist, trage sie auf dein Gesicht auf (spare die Augen aus) und lass die Maske 15 Minuten lang einwirken, bevor du sie mit Wasser abspülst.

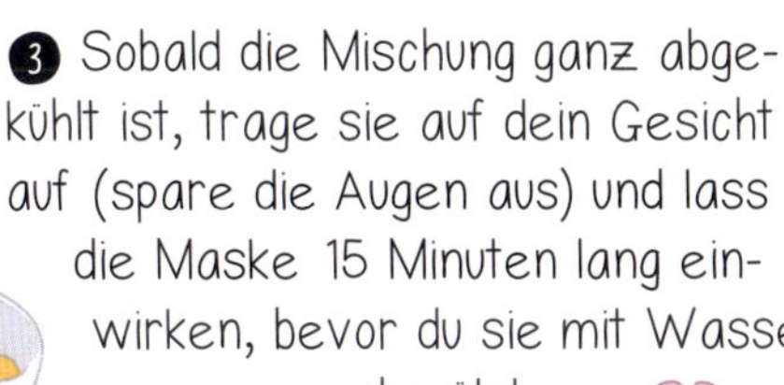

TIPP

Dir fehlt die Zeit für das links beschriebene Lippenpflege-Rezept? Dann nimm einfach eine haselnussgroße Menge Honig, streiche sie auf deine Lippen und lass den Honig fünf Minuten einwirken. Das ist immerhin besser als nichts!

Erdbeer-Teint

Für eine schnelle Erdbeer-Maske schneidest du einfach Erdbeeren in Scheiben, legst dich gemütlich hin und legst die Scheiben behutsam auf dein Gesicht. Nach zehn Minuten nimmst du sie herunter, spülst dein Gesicht mit Wasser ab und freust dich über babyzarte Haut!

DIE (FAST) PERFEKTE PARTY

Mit diesen Tipps wird deine Feier die beste Party des Jahres (mindestens)!

BEVOR ES LOSGEHT

Wie bei der Pyjama-Party (siehe S. 18), klärst du zunächst mit deinen Eltern ab, wie viele Freundinnen und Freunde du einladen darfst. Sobald ihr gemeinsam ein passendes Datum gefunden habt, kannst du anfangen, die Einladungskarten zu basteln.

DAS OUTFIT

Da du als Gastgeberin gewissermaßen die Hauptperson bist, suchst du dir für diesen Abend ein besonderes Outfit aus, in dem du dich wohlfühlst. Wenn du willst, kannst du auch ein Kostümfest organisieren. Dann musst du auf den Einladungen das Motto der Party nennen, damit deine Gäste sich entsprechend verkleiden können.

Schmücke den Party-Raum mit hübschen Tischdecken, passenden Servietten, Bechern und Trinkhalmen.

● Bemale Luftballons mit einem Textmarker passend zum Motto deiner Party! Sterne, Tupfen, Kringel und Herzen passen immer und sehen hübsch aus. Wenn du deinen Geburtstag feierst, kannst du die Zahl auf die Ballons schreiben. Wenn du für deine Party einen musikalischen Programmpunkt geplant hast, bieten sich Musiknoten als Motiv an.

● Bunter Blumenschmuck schafft eine freundliche Atmosphäre. Suche dir mehrere durchsichtige Gläser unterschiedlicher Größe zusammen und fülle sie mit Wasser. Dann rührst du in jedes Glas Lebensmittelfarbe in einer anderen Farbe: rot, gelb, blau, auch Mischfarben wie grün, lila und orange, damit es möglichst bunt wird. Jetzt stellst du in jedes Glas eine Blüte.

DAS BÜFFET

Backe einen Schokoladenkuchen (den mögen alle!), spieße verschiedene Süßigkeiten auf Holzspieße auf (deine Gäste werden begeistert sein!), mach einen bunten Obstsalat …

TIPP

Eine hübsche Lichterkette schafft eine tolle Atmosphäre und versetzt deine Gäste sogleich in Partystimmung!

Am besten stellst du Knabbereien auf den Tisch, bei denen sich jeder bedienen kann. Das ist lockerer und schließlich sind deine Gäste nicht wegen des Essens gekommen!

Was es zu Essen gibt, hängt auch davon ab, wann deine Feier stattfindet: Am Nachmittag stellst du eher süße Sachen aufs Büffet, aber wenn die Party abends steigt, solltest du auch ein paar herzhafte, salzige Snacks dazustellen.

1 Stille Post mit Pantomime. Wer anfängt, stellt – ohne zu reden! – einen Begriff dar, den die nächste erraten muss. Alle anderen schließen so lange die Augen! Dann spielt diese der oder dem nächsten in der Reihe den Begriff vor, den sie erkannt zu haben glaubt, und so geht es weiter, bis alle dran waren. Wer als letztes dran ist, muss raten, welchen Begriff die erste Mitspielerin dargestellt hat.

2 Wer bin ich? Ihr klebt euch gegenseitig einen haftenden Zettel mit dem Namen einer bekannten Persönlichkeit auf die Stirn. Nun muss jede(r) durch Fragen herausfinden, wer er oder sie ist. Die Fragen dürfen nur mit „ja" oder „nein" beantwortet werden.

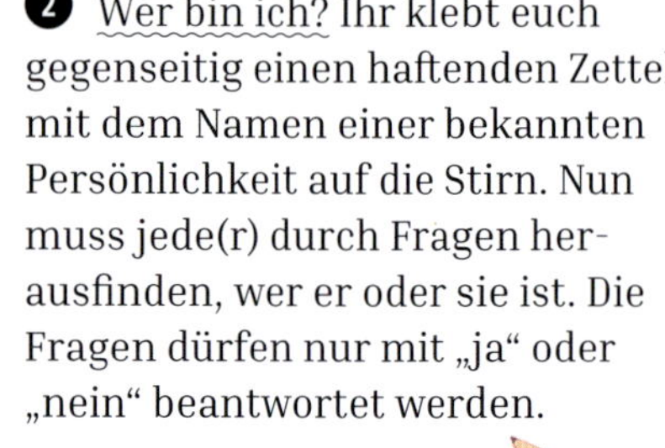

3 Montagsmaler. Eine(r) zeichnet, die anderen müssen raten, worum es sich handelt. Ihr könnt das Spiel variieren, indem Linkshänder mit der rechten Hand und Rechtshänder mit der linken Hand zeichnen oder indem ihr mit verbundenen Augen zeichnet.

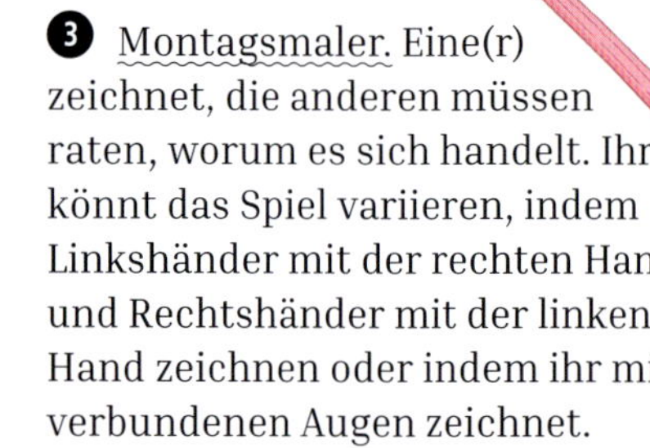

DIE REISE NACH JERUSALEM

Das Spiel macht einfach immer riesigen Spaß! Ihr stellt Stühle im Kreis oder in zwei Reihen mit dem Rücken zueinander auf, und zwar einen Stuhl weniger als es Mitspieler sind. Wenn ihr zehn Personen seid, stellt ihr also neun Stühle auf. Bittet einen Erwachsenen, Musik laufen zu lassen. Ihr lauft herum, solange die Musik erklingt. Aber sobald die Musik stoppt, setzt sich jeder schnell auf einen der Stühle. Die Person, die keinen freien Platz findet, scheidet aus, und ihr nehmt auch einen Stuhl aus dem Spiel. Das Spiel geht weiter, bis nur noch eine Person auf einem Stuhl sitzt: Sie ist die Gewinnerin!

Keine Party ohne Musik! Ein Erwachsener legt Musik auf, und ihr versucht so schnell wie möglich, den Titel und den Interpreten des jeweiligen Songs zu erraten. Wer zuerst fünf Punkte hat, gewinnt und darf bestimmen, welche Musik als nächstes gespielt wird.

Wenn die Party sich dem Ende zuneigt und deine Gäste nach Hause müssen, gib ihnen ein kleines Andenken mit. Dazu organisierst du eine Schatzsuche, entweder für jeden Gast einzeln nacheinander oder für alle zusammen. Hilf ihnen, indem du „heiß!" oder „kalt!" rufst. Dieses Andenken kann etwas sein, das du selbst gebastelt hast, zum Beispiel ein Schmuckstück (siehe S. 72), ein Aufkleber, ein hübscher Stift usw. So schenkst du deinen Gästen eine bleibende Erinnerung!

Geschafft! Die Party ist vorbei, die Gäste sind gegangen. Damit du bald wieder eine tolle Fete veranstalten darfst, hilf deinen Eltern gleich tatkräftig beim Aufräumen!

MISSION OLYMPISCHE SPIELE

Du brauchst keine Medaillen, um Spaß an der Bewegung zu haben! Laufen, Schwimmen, Beach-Tennis, Beachball ... Los geht's!

2 Spielerinnen und mehr

Standweitsprung

Zieht eine Linie im Sand: Das ist euer Absprungbalken. Der Reihe nach stellt sich jede hinter die Linie (sie darf nicht übertreten werden!), nimmt Schwung und springt so weit wie möglich. Ihr könnt euch auch im Dreisprung üben.

2 Spielerinnen

Karate

Ihr steht euch gegenüber. Der Abstand zwischen euch ist so bemessen, dass ihr euch mit den Armen berühren könnt. Jetzt gräbt jede an ihrem Standort ein knietiefes Loch, stellt sich hinein und füllt das Loch rund um die Beine wieder mit Sand, der zum Schluss schön festgeklopft wird. Jetzt beginnt das Karate-Duell. Gewinnerin ist diejenige, die ihre Gegnerin zuerst dazu bringt, aus ihrem Loch herauszukommen.

Kanu fahren

Ihr setzt euch mit ausgestreckten Beinen ans flache Ufer, die Beine im Wasser. Nun versucht ihr, allein mit der Kraft eurer Arme so schnell wie möglich voranzukommen, ohne dass die Füße den Boden berühren. Markiert eine Ziellinie. Wer sie zuerst erreicht, hat gewonnen.

Perrine Laffont

Eine furchtlose Ausnahmesportlerin, der die Skipiste gar nicht buckelig genug sein kann!

Perrine kommt 1998 in Ariège in den französischen Pyrenäen zur Welt und beginnt schon als ganz kleines Mädchen mit dem Skifahren. Mit 15 Jahren wird sie für das Olympia-Team ausgewählt und nimmt 2014 an den Olympischen Winterspielen teil, wo sie den 14. Platz belegt. Ihre Karriere beginnt! Ihre Lieblingsdisziplin ist die Buckelpiste (Moguls genannt), eine 250 m lange Skipiste mit unterschiedlich hohen Hügeln, die ein enorm schnelles Reaktionsvermögen erfordert. Bei Wettkämpfen sind außerdem zwei Sprünge vorgeschrieben. Im Jahr 2018 gewinnt die junge Sportlerin bei den Olympischen Winterspielen im südkoreanischen Pyeongchang die Goldmedaille im Freestyle-Skiing.

Ihr aktuelles Ziel: Sie will die beste Buckelpisten-Fahrerin der Geschichte werden!

Das Leben ist schön!

Auch wenn die Welt manchmal grau ausschaut – du kannst dich trotzdem dafür entscheiden, positiv durchs Leben zu gehen. Viele kleine Schritte ergeben irgendwann einen großen Schritt nach vorne. Du musst es nur wollen! Setz die rosarote Brille auf!

Genieße ...

... die kleinen Freuden des Alltags: Du trinkst eine schöne heiße Schokolade, wenn es draußen kalt und ungemütlich ist, verabredest dich mit deinen Freundinnen zur Pyjama-Party, drehst das Radio lauter, wenn dein Lieblingslied ertönt, schläfst am Wochenende genüsslich aus, schaust deine Lieblingsserie und nimmst dir einen leckeren Snack mit vor den Fernseher, freust dich über eine Postkarte, verkriechst dich bei einem heftigen Gewitter unter deiner Bettdecke, findest ein vierblättriges Kleeblatt oder einen Marienkäfer im Garten, schmust ausgiebig mit deinem Hund, atmest den Duft von frisch gemähtem Gras ein ...

Erstelle eine Liste von Dingen, die dich glücklich machen:

Schenke der Welt ein Lächeln! Es ist für die anderen Menschen so viel schöner, jemandem zu begegnen, der gut gelaunt ist. Glück und Freude werden größer, wenn man sie teilt, also versuche es! Du musst nicht auf den Welttag des Lächelns warten (jedes Jahr am ersten Freitag im Oktober), auch jeder andere Tag des Jahres hat es verdient, dass du ein Lächeln aufsetzt und jedem Menschen, der dir über den Weg läuft, kurz Freude schenkst!

Wenn jemand etwas Gutes gemacht hat, verdient er oder sie deine Anerkennung. Kritik zu äußern ist leicht, aber es muss auch Raum für Lob sein! Sage „Ich mag dich", „Bravo!". Danke deinen Freunden, dass es sie gibt, oder bedanke dich bei deinen Eltern, dass sie für dich da sind.

Denke einmal über den folgenden Sinnspruch nach:

„Du kannst nicht in einem permanenten Zustand des Bedauerns verharren. Was geschehen ist, ist geschehen. Blicke nach vorn, lass los. Ein schönes Leben liegt vor dir."

Jeder Mensch macht Fehler. Nur wer nichts tut, kann sich nicht irren! Lerne, deine Fehler zu akzeptieren, wenn nötig, zu korrigieren, und dann hinter dir zu lassen. Das nächste Mal machst du es besser.

✳ Tipps für mehr Gelassenheit

Du kannst lernen, gelassener zu reagieren!

Kobra

Lege dich flach auf den Bauch. Deine Arme liegen seitlich neben dem Körper, deine Stirn berührt den Boden. Nun stützt du dich mit den Händen etwa in Höhe der Schultern ab, spannst die Gesäßmuskeln an und richtest langsam den Oberkörper auf. Schaue nach vorne und atme ruhig. Die übrigen Teile deines Körpers bleiben flach liegen. Nach ein paar Atemzügen legst du dich langsam wieder hin.

Ganz ohne Schäfchen ...

Statt zum Einschlafen Schafe zu zählen, kannst du auch den Zeigern deiner Uhr dabei zusehen, wie sie immer weiterrücken. Versuche, dich ganz auf die Zeiger zu konzentrieren und an nichts anderes zu denken.

Treibsand

Du liegst auf dem Rücken im Bett. Jetzt entspannst du Stück für Stück jeden Teil deines Körpers. Du beginnst mit den Füßen. Stelle dir vor, wie jedes Körperteil in der Matratze versinkt, und entspanne dich. Zum Einschlafen ist das prima!

Schließe die Augen und wünsche dir was. Morgen wirst du alles tun, damit dieser Wunsch in Erfüllung geht. Gute Nacht!

DER FREUNDSCHAFTSWÜRFEL

Schneide die Vorlage entlang der äußeren Linien aus und falze sie an den gestrichelten Linien, damit du einen Würfel erhältst. Die grau gefärbten Laschen bestreichst du mit Klebstoff, damit der Würfel zusammenhält.

DEIN GEHEIMCODE-GLÜCKSRAD

1 Schneide die beiden Kreise aus und lege das kleinere Glücksrad auf das größere.

2 Bohre durch die Mitte ein Loch und hefte die beiden Räder mit einer Musterklammer zusammen.

3 Überlege zusammen mit deinen Freundinnen, welcher Buchstabe der Schlüssel zu eurem Geheimcode sein soll, zum Beispiel das „F" für „Freundinnen".

4 Jetzt drehst du das große Rad so, dass das F des großen Rades auf einer Linie mit dem A des kleinen Rades liegt. Danach werden die Räder nicht mehr gedreht! Das tatsächliche Alphabet ist auf dem kleinen Rad, die codierten Buchstaben sind auf dem großen Rad. Jetzt kannst du deine Nachricht verfassen und sie einer deiner Freundinnen zustecken.

Damit sie die Nachricht entziffern kann, braucht sie aber auch das Geheimcode-Glücksrad, das du unauffällig in ihre Tasche gleiten lässt!

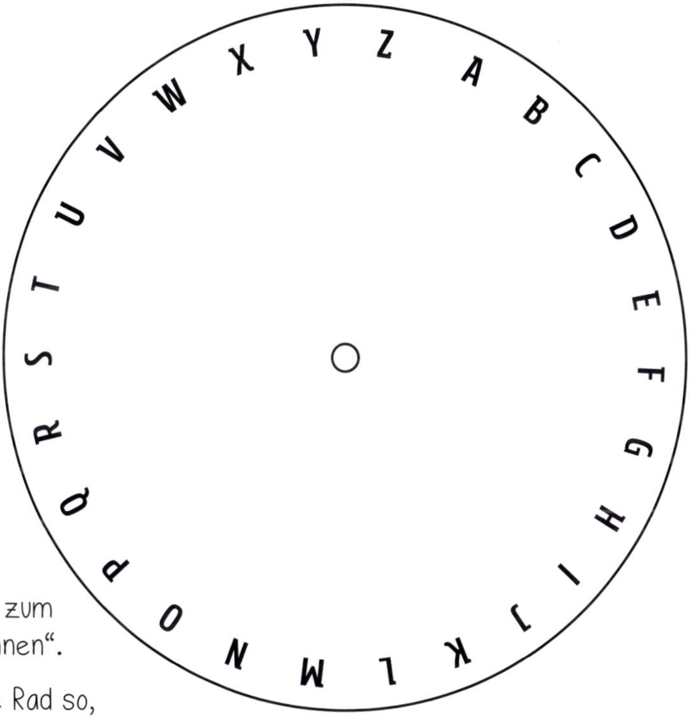

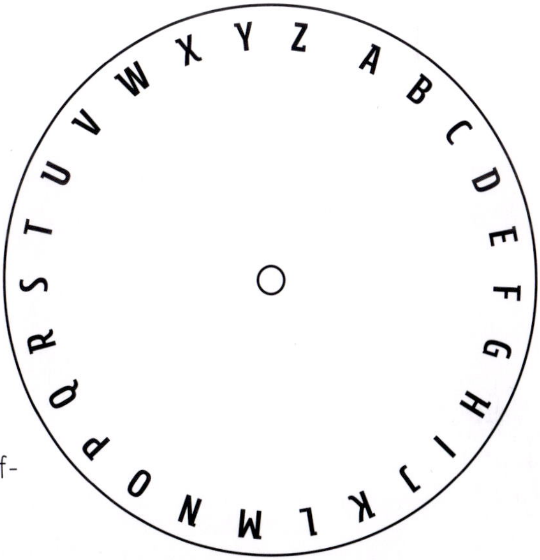

DEIN TRAUMFÄNGER

Was dir Freude macht und was du dir wünschst

Deine Listen

Die Originalausgabe erschien 2019 in Frankreich bei Larousse, 21, rue du Montparnasse, 75006 Paris.
www.editions-larousse.fr

Copyright © Larousse 2019

Titel der Originalausgabe: Le super guide des filles créatives d'aujourd'hui

TEXTE

AURORE MEYER

ILLUSTRATIONEN

AMANDINE
Das Buch-Cover und
die Kategorien:
DIY; Lauter Fragen;
Spiel & Spaß,
Innere Ruhe

MYRTILLE TOURNEFEUILLE
Die Kategorien:
Style, Mode, Beauty;
Starke Frauen;
Rezept-Ideen;
Mutig und aktiv;
LebensTipps

Projektleitung: Sophie Chanourdie
Redaktion: Anne Castaing
Art Director: Laurent Carré
Layout: Anne Bordenave
Herstellung: Ombeline Canaud

Copyright der deutschen Ausgabe: © 2020 moses. Verlag GmbH
2. Auflage 2021

moses. Verlag GmbH, Arnoldstraße 13d, 47906 Kempen
Mail: info@moses-verlag.de, www.moses-verlag.de

Übersetzung aus dem Französischen: Stefanie Kuballa-Cottone
Lektorat: Karin Bischoff
Satz: Kirsten Küsters
Covergestaltung: Melanie Dahmen
Redaktion: Geesche Oetken

ISBN: 978-3-96455-083-5

Printed in China